Mire nas estrelas e acerte a lua

o paradoxo da felicidade

DANIELA DEVIDES

© Copyright 2024

Dados Internacionais de Catalogação na Publicação (CIP)

(eDOC BRASIL, Belo Horizonte/MG)

Devides, Daniela.

D492m

Mire nas estrelas e acerte a lua: o paradoxo da felicidade / Daniela Devides. – São José dos Campos, SP: Ofício das Palavras, 2024.

172 p. : 16 x 23 cm

Inclui bibliografia

ISBN 978-65-5201-006-3

1. Psicologia positiva. 2. Felicidade. 3. Desenvolvimento pessoal. I. Título.

CDD 158.1

Coordenação Editorial:	**Ofício das Palavras**
Produção Editorial:	**Tatiana Iaconelli**
Produção de Texto e Revisão:	**Ofício das Palavras**
Capa e diagramação:	**Tatiane Lima**

Para todos aqueles que fazem parte dessa minha jornada de felicidade, todos os dias, aconteça o que acontecer.

vire
nas
estrela
acent
alua

Em 2019, quando escrevi este livro, muitas coisas haviam acontecido comigo, mas nunca havia passado por experiências tão extremas e dolorosas como as dos últimos três anos.

Sou alguém que queria ser a mulher maravilha, que sonhou em ser bailarina, que estudou para ser dentista, que se formou em direito, que virou mãe de dois meninos lindos, que herdou a direção de uma escola e que aprendeu a ser feliz.

Ainda bem que isso aconteceu. Aprender sobre felicidade foi um verdadeiro divisor de águas. Eu imaginava que talvez não iria sair ilesa de toda aquela tempestade... Sobrevivi? Não, vivi.

Como fiz isso? Não deixei de sentir nenhuma dor, não deixei de abraçar nenhum sofrimento. Simplesmente, tive conhecimento de cada emoção, de cada sentimento que teria que passar. Acredito que tenha sido menos complicado, mas não menos delicado.

Em 2020, experimentei a dor profunda do luto, perdi minha mãe em uma sofrida batalha contra o câncer. Exatamente, um ano depois, com a segunda onda do Corona Vírus, meu pai faleceu. Dois anos, duas feridas profundas, ainda em processo de cicatrização.

Achei que tudo iria melhorar em 2022. Foi quando recebi o diagnóstico de câncer na tireoide. Era para o meu mundo cair, mas não caiu.

Por que demorei para publicar? Talvez tenha sido a necessidade de saber se tudo realmente daria certo. Afinal nunca havia passado por situações tão pesadas. Seguia uma vida tranquila e feliz, com alguns obstáculos normais, conquistas aleatórias e um desejo incrível de transformar o mundo.

Sim, este livro foi escrito antes dos três episódios e foi exatamente com cada ensinamento existente nele que consegui colocar em prática a minha resiliência 2.0: que não é voltar ao estado anterior, mas me tornado uma pessoa muito melhor do que aquela que existia.

Aqui, você encontrará grande parte do que aprendi com a Psicologia Positiva e muita coisa relacionada ao Desenvolvimento Pessoal, que pode ajudar a fazer descobertas incríveis e encontrar caminhos jamais imaginados.

Esse é o meu propósito de vida: compartilhar com as pessoas o que me faz tão bem, para que se tornem infinitamente melhores e assim transformem o mundo em um lugar melhor!

Busquei apresentar de modo concreto e direto deixando espaço para você colocar em prática toda vez que menciono: "Quando mirar nas estrelas é simples assim".

O livro é autoconhecimento puro, organização, autoeficácia, reflexão e interatividade. Você responderá perguntas de uma forma ainda não vista, descobrirá o paradoxo da Felicidade.

Para a publicação, fiz algumas atualizações necessárias e prometi a mim mesma que não iria revisar, pois tenho certeza de que, se o fizesse, adicionaria mais informações e nunca terminaria.

Guardei novos conhecimentos para o próximo livro, cujos os primeiros capítulos já foram rascunhados.

Buscar conhecimento, ter curiosidade e desejo de aprender é o primeiro passo para você transformar a vida e viver feliz. Está preparado para viver essa experiência? Felicidade é algo sério. É estudo. É ciência.

É simples, mas não é fácil. É um caminho e não um destino. Felicidade se aprende, e isso é maravilhoso!

Venha descobrir essa nova prática de mirar nas estrelas para acertar a lua. Pode parecer estranho, mas é real. Conheça o Paradoxo da Felicidade e surpreenda-se com essa nova forma de viver feliz de verdade!

Daniela Devides

Sumário

INTRODUÇÃO 13

CAPÍTULO 1: DEFININDO RESPONSABILIDADES 19
Primeiro aprendizado 20
Medo da mudança 22
Conhecendo as "leis da felicidade" 24
    1º) lei da causa e efeito 25
    2º) lei da busca 26
    3º) lei do controle 28
    4º) lei da crença 30
    5º) lei da expectativa 31
    6º) lei da supercompensação 31
    7º) lei da atração 32
Não existe mágica! 34

CAPÍTULO 2: FELICIDADE IMPORTA 37
Psicologia positiva 39
Felicidade autêntica 41
Um convite para a felicidade 43
A diferença que te faz bem 45
Fórmula da Felicidade 49

CAPÍTULO 3: O QUE TE FAZ FELIZ? 55
O que vem primeiro: felicidade ou sucesso? 56
Habilidades para a felicidade 59
    1º) Permissão para ser humano 60
    2º) Aprender com o estresse 63
    3º) Fazer exercícios físicos 67
    4º) Focar nos relacionamentos 69
    5º) Exercer a gratidão 72
Intensifique 73

CAPÍTULO 4: ABRAÇANDO AS EMOÇÕES …… **79**
Falando sobre as emoções …… 80
O benefício da felicidade …… 84
Passado, presente e futuro …… 85
A verdadeira intensidade …… 87
Meios de intensificar as emoções …… 88
Otimistas e pessimistas …… 90

CAPÍTULO 5: UMA NOVA MENTALIDADE …… **95**
A responsabilidade …… 97
Uma nova forma de crescer e se superar …… 98
As duas possibilidades de mentalidades …… 99
Mentalmente responsável …… 100
Identificando a mentalidade …… 102
Uma mentalidade de sucesso …… 104
A mentalidade para acertar a lua …… 105

CAPÍTULO 6: MEUS VALORES, MINHAS REGRAS …… **109**
Descobrindo o que importa …… 111
Ênfase na decisão …… 112
O poder da decisão …… 113
Valores que definem …… 115
Identificando valores …… 116
Hierarquia de valores …… 117
Para tudo há uma explicação …… 120
Por que as pessoas sabotam conquistas? …… 121
Descobrindo a missão …… 122
A essência de um propósito …… 123
O que dizer do sonho? …… 125

CAPÍTULO 7: MIRE NA LUA? …… **131**
Seja o herói que seu mundo precisa …… 134
Pertencimento …… 136
A regra de ouro …… 139
A sabedoria da riqueza …… 140

Linguagem corporal 143
Liderar-me! 145
A arte de ser quem você é 148

CAPÍTULO 8: ACERTE A LUA **153**
A metamorfose 157
Efeito borboleta 158
Seja mais feliz, aconteça o que acontecer 161

A JORNADA CONTINUA **165**

REFERÊNCIAS 169

A AUTORA 173
Dados para contato 175

Introdução

Precisamos aprender desde criança que quem determina o futuro somos nós mesmos! Um dos grandes problemas de nossas vidas é acreditar que alguém é responsável em realizar aquilo que desejamos. Teoricamente falando, isso pode parecer correto, afinal, até alcançarmos a maioridade, nossos pais são responsáveis por nós e devem cuidar de nós.

O problema é que esta dependência vai sendo implantada em nossas ações. Na verdade, somos impulsionados a explorar novos limites e é o que fazemos a partir do nascimento. O que muitos chamam de instinto é o resultado das nossas ações ao que a vida nos apresenta automaticamente. Ela nos proporciona diferentes situações, e aprendemos quase que sozinhos a andar, falar, comer... vamos concordar em um ponto: tudo isso ocorre quase sem empecilhos e com grandes estímulos! Desenvolvemos as necessidades básicas de sobrevivência e, consequentemente, adquirimos comportamentos como amar, sorrir, nos zangar, e muitos outros.

Nesse caminho de aprendizado automático, esquecemos do que deveria ser obrigatório: a descoberta do que nos faz verdadeiramente feliz.

Por comodismo, passamos a desenvolver mecanismos de defesa, que podemos nominar de forças, coisas ou pessoas que se tornam responsáveis pelas nossas conquistas, sucessos, decepções e fracassos.

Conhecer, entender, determinar e nominar a nossa realização pessoal deveria ser a primeira regra a seguir na construção da nossa felicidade. Através de um autoconhecimento mais profundo, devemos colocar o futuro nas mãos de quem tem verdadeiramente o poder de ser, ter e fazer alguma coisa — ou seja, em nossas próprias mãos!

Foi incrível a forma como descobri...

Aqui está o primeiro passo. Não diferente da maioria dos mortais, a minha vida sempre foi pautada na definição de apontar aquilo ou aquele como responsável por cada episódio que acontecia comigo. E, como sempre fui uma pessoa razoavelmente normal, inúmeras vezes meus pais, filhos, irmãos, amigos, trabalho, coisas e situações tornavam-se responsáveis pelos acontecimentos na minha vida, e aquele que mais fazia parte dessas justificativas era DEUS!

Tanto algo bom como algo ruim, DEUS era o responsável!

Foi um caminho longo, mas necessário, e a felicidade em descobrir este segredo fez com que me tornasse uma pessoa infinitamente melhor, com imensa vontade de compartilhar o que descobri e como aprendi.

Encontrar o verdadeiro propósito em minha vida é maravilhoso, mas descobrir que posso ser muito melhor do que imagino ser foi realmente extraordinário!

Com Psicologia Positiva, formações, pós-graduação, cursos, treinamentos, palestras e experiência profissional, desenvolvi uma metodologia própria que tem contribuído com a vida de várias pessoas. Descobrir, aprender, desenvolver e viver a Felicidade, foi algo que realmente aprendi.

O ideal em compartilhar o aprendizado é o que me faz escrever este livro. Usando a simplicidade, procuro dar significado ao que antes parecia uma verdadeira incógnita em minha mente, permitindo-me traçar um caminho para onde devo mirar.

Saber que a Felicidade é uma ciência, e descobrir a sua importância, é o que nos leva a atingir grandes objetivos e a construir imensos legados. Assim como encontrar o significado de algumas palavras determinantes em nosso espaço, compreender o espaço entre culpa e responsabilidade.

As emoções contribuem de forma definitiva para esse acerto e tem um capítulo apenas para elas. O processo de positividade, vai muito além de pensar coisas boas. Ter uma visão realista e aprender a lidar com diferentes situações é a resposta para muitas coisas que você está procurando.

Seus objetivos em conexão com seus valores facilitarão a realização de tudo o que você sempre sonhou. Sim, você pode realizar o que quiser.

Quando encontramos, conhecemos e determinamos nossas forças, transformamo-nos em verdadeiros heróis. Valorizar talentos e habilidades fará grande diferença em sua vida e no seu processo de mudança necessária em busca daquilo que te faz feliz.

Mais do que um livro, MIRE NAS ESTRELAS E ACERTE A LUA, é um manual de transformação e entendimento da Felicidade.

Um verdadeiro caminho que deve ser traçado para sair do ponto A (atual) e chegar ao ponto B (ideal), para fazer menos, porém melhor, para ser simplesmente feliz, mirando em partes essenciais do seu desenvolvimento, aconteça o que acontecer.

Entender quem é o responsável pelo seu futuro e atribuir um significado à sua existência neste mundo, são extremamente necessários. Faça algo extraordinário em sua vida e determine o que é melhor para você. Aprenda a lidar com as dificuldades e, principalmente, torne-se o responsável pela sua história. Esses são alguns desafios que fazem parte da Felicidade.

Você deve estar se perguntando: por que mirar nas estrelas para acertar a lua e não ao contrário?

Você vai descobrir que o título do livro não é exatamente o que diz a Lei da Expectativa, uma das Leis Universais do Sucesso (que eu chamo de Leis Universais da Felicidade), que irá conhecer logo no primeiro capítulo. Ele foi propositalmente modificado para entender o conceito da verdade sobre Felicidade, que espero que você encontre quando chegar ao final da leitura.

Capítulo 1
Definindo responsabilidades

Começar a escrever um livro, elaborar um treinamento ou desenvolver um programa é algo que exige imensa responsabilidade. Sempre me preparo de modo a transmitir o meu conhecimento de forma que possam compreender e aplicar imediatamente.

Anos de estudo e dedicação se traduzem em horas de aprendizado e uma verdadeira troca de experiências, pois a vivência de cada um enriquece um processo de crescimento e desenvolvimento, em que a disposição em conhecer algo significativo deve ser permitida.

Falo em permissão porque não se aprende nada se não se permitir; para todo aprendizado, você deve estar aberto ao novo.

Se a mentalidade for fechada, o questionamento irrelevante e a dúvida permanente (que nunca são esclarecidos), não há o que se falar em crescimento; pois, nesse caso, existe uma resistência para tudo o que está sendo dito e uma barreira que dificilmente será transposta.

Então, mente aberta é o que precisamos para obter os melhores resultados! Isso não significa que você concordará ou fará tudo que está escrito, mas sim que irá compreender o que estou dizendo.

✦ Primeiro aprendizado

Um dos grandes aprendizados que tive durante a descoberta da Felicidade verdadeira, que ainda não está finalizada (e acredito que nunca estará), foi esclarecer, de uma vez por todas, o verdadeiro papel de DEUS em minha vida.

O que irei dizer aqui não tem nada a ver com religião e muito menos tendência a qualquer seita ou preceito. Na verdade, tenho uma definição da responsabilidade de DEUS em minha vida, com a qual inúmeras pessoas irão se identificar.

Primeiramente, sempre O responsabilizei por tudo o que acontecia comigo, tanto as coisas boas como as ruins também. Se não consegui algo que queria: DEUS quis assim! Já quando conseguia: Obrigada, como Ele em ama!!!

Sempre, em qualquer situação, não assumia nenhuma responsabilidade. Bastava acontecer algo e alguém era responsável por aquilo, mas DEUS tinha uma parcela imensa em tudo que acontecia.

Esta foi a primeira mudança: tirar de DEUS a responsabilidade de tudo que acontecia. Consegui entender o que DEUS esperava e desejava para mim. Então, cheguei a três conclusões fundamentais:

1. **ELE** me ama mais que tudo.
2. **ELE** quer somente a minha felicidade.
3. **ELE** me criou à Sua imagem e semelhança.

Hoje, no meu entendimento, Deus é puramente amor. ELE é a força que olha, cuida e zela por todos nós. ELE é o PAI que só deseja felicidade aos filhos. Com todo esse amor é impossível que ELE escolha um de nós, seres humanos, para sofrer durante a nossa estada na Terra. Comparo ao amor de mãe/pai, como escolher amar mais um filho em detrimento do outro, mas o amor sempre será infinitamente igual.

Se você é mãe de dois ou mais filhos, eu pergunto: qual deles você escolheria para ficar doente? Tenho certeza de que todas responderiam: Nenhum!

Deus nos colocou aqui para sermos felizes. Ele nos deu o livre arbítrio, a capacidade de escolhas, o universo e suas infinitas possibilidades e muito mais, para que cada um de nós encontre a Verdadeira Felicidade. ELE nos dá a engrenagem, o mecanismo, e cabe a cada um de nós fazê-lo funcionar. Esta engrenagem é o nosso cérebro, a nossa mente.

Esse computador "Pentium Trilhão", da mais alta tecnologia, é um potencial imenso de conexões capazes **de nos desenvolver de forma extraordinária.**

Por fim, e não menos importante, entendo o significado de "à sua imagem e semelhança" (Gênesis 1:26): ELE nos fez com os mesmos poderes, esta força imensa que se encontra em nossa mente. Somos capazes de tudo, temos o poder para tudo, e foi ELE que nos fez assim.

Peço que reflita um pouco. São muitas as passagens na Bíblia em que Jesus fala sobre a salvação daqueles que têm fé. Em todas elas, como a do paralítico que volta a andar e até mesmo a do cego que consegue enxergar, vemos o magnífico milagre. O que me chama a atenção é que, em nenhum momento, Jesus pede para agradecer a ELE pela graça recebida. ELE simplesmente faz referência à fé e deixa claro que foi ela que os curou. Acreditar em você mesmo é um ato de Fé! (Marcos 5:34; Lucas 17:19; Efésios 2:8; Mateus 24:13, são alguns exemplos).

Não há segredo em entender que somos nós os responsáveis por tudo aquilo que nos acontece. Somos nós que atraímos o que desejamos, seja bom ou ruim, pois, acredite, de qualquer forma é você que faz tudo acontecer. Deus, simplesmente, deu a você tudo de que precisa, e ELE só quer a sua felicidade, pois a(o) ama infinitamente.

Independentemente em que acredita, se chama DEUS de força, energia ou qualquer outra definição, o importante é compreender que tudo conspira a seu favor. Basta você entender e saber usar esse poder ou este processo. No meio deste universo existem algumas leis, denominadas As Leis Universais do Sucesso, que são neutras e implacáveis, e quer você acredite ou não, existem!

✦ Medo da mudança

Para quem tem um sonho, meta ou objetivo, seja qual for o nome que use, a verdade é que nem sempre conseguimos focar. Por que temos a impressão de que, muitas vezes, nossos sonhos são tão difíceis de se realizar?

O que acontece quando estamos em situações próximas de conquistar algo muito importante, mas acabamos nos limitando, mesmo quando estamos prestes a alcançar o objetivo?

Em julho de 2017, comecei o meu aprimoramento e formação em Psicologia Positiva, Desenvolvimento Pessoal e Inteligência Emocional. Estabeleci alguns parâmetros necessários para o processo que exige sensível mudança no modo de ver e analisar a vida.

Confesso que foi um processo longo e um tanto confuso, mas, ao final, maravilhoso, de verdadeira transformação pessoal e profissional.

Nunca uma frase fez tanto efeito em minha vida como esta:

Toda mudança é difícil no começo, confusa no meio e maravilhosa no final!

Sim, a frase traduz toda a caminhada, e não cabe apenas ao processo de mudança que estou abordando, mas a tudo que exige algo a mais ou diferente daquilo a que estamos acostumados. Sair da zona de conforto exige muita determinação, e no meio do caminho até pensamos em desistir, mas ao final reconhecemos a vitória e a satisfação da conquista, o que é extraordinário!

Foi tão extraordinário, que não fiz somente a primeira formação, mas finalizei a Pós-graduação em Psicologia Positiva pela PUCRS (Pontifícia Universidade Católica do Rio Grande do Sul), tornandome uma especialista em Felicidade. Isso renovou o propósito da minha vida e me fez reconhecer a minha real presença neste mundo.

Conhecendo as "leis da felicidade"

Nas primeiras aulas de Desenvolvimento Pessoal e Profissional, tive contato com a teoria das Leis Universais do Sucesso de Brian Tracy (palestrante motivacional e de autodesenvolvimento, autor de mais de setenta livros traduzidos em dezenas de idiomas), um dos maiores nomes em desenvolvimento humano do mundo e, simplesmente o achei fantástico!

Gosto de chamá-las de "Leis da Felicidade", pois foi através do entendimento dessas leis que criei a consciência da minha responsabilidade. Comecei a buscar os meus sonhos, aquilo que gostaria de realizar, a minha Felicidade. Consegui esclarecer coisas que julgava incompreendidas ou até mesmo impossíveis, mas através deste estudo, assumi uma nova postura de comportamento e realização.

No livro *As Leis Universais do Sucesso* (Editora Sextante, 2009), Brian Tracy cita um total de 120 leis universais. Vou destacar aqui sete leis que considerei extremamente importantes e, conforme o meu entendimento, colocá-las de uma forma simples que me ajudou a dar início a esta jornada.

1º) LEI DA CAUSA E EFEITO

Está baseada na qualidade dos pensamentos e no que pensamos. Se vai fazer alguma coisa e pensa que vai dar certo, consequentemente, existirá uma forte tendência de dar certo.

> **Se você planta algo hoje, na certeza de que lhe renderá flores no futuro, é isso que irá acontecer. Portanto, foco no positivo, foco no futuro e foco na solução!**

O pensamento impede de fazer o que tem de ser feito; ele coloca uma verdadeira barreira na realização. Você precisa entender que toda situação sempre tem dois lados, o positivo e o negativo, e cabe somente a você escolher aquele que irá focar. Determinar pelo positivo é uma questão de escolha, e você tem toda capacidade para definir. Isso é o que chamamos de livre-arbítrio.

Pense no que quer, focando no futuro, nas consequências de seus atos, naquilo que trará um resultado melhor para você. Esqueça o passado, você não tem mais acesso. Encare o passado como uma experiência pela qual conseguiu retirar grandes aprendizados que servem de referência.

Lembre-se, do passado eu uso a experiência, no presente eu realizo o plantio e do futuro eu tenho a colheita!

O foco na solução é o caminho para que possamos enfrentar os desafios de forma positiva. Se quer encontrar a solução para algum problema, é preciso esquecer o que originou a causa ou foi o responsável. Focar no problema é simplesmente tentar achar justificativas para o acontecimento, é o conhecido "mimimi" (como diz o meu grande parceiro, *Treinador/Head Trainer/PNL*, Arnaldo Rocha)!

Ao focar na solução, conseguimos encontrar novos caminhos para que possamos chegar às respostas para o que estávamos buscando.

Com pensamentos focados no positivo, no futuro e na solução, nossa vida adquire uma expectativa infinitamente melhor e nos tornamos mais aptos a viver uma vida feliz de grandes realizações, como cita, de forma sábia, Brian Tracy:

> *"Para melhorar a qualidade de vida, melhore a qualidade de seus pensamentos".*

Todo o plantio será otimizado para fazer uma colheita certeira em concordância com aquilo que sempre desejou.

2º) LEI DA BUSCA

Nada acontece da noite para o dia. Se tenho um objetivo, preciso de esforço contínuo para realizá-lo. Nada acontece de repente, tudo depende do esforço, e assim, chegamos à conclusão de que o universo detesta coisas paradas!

Pense comigo nas conquistas que já conseguiu realizar na vida: foram coincidências? Houve algum tipo de esforço? Você fez algo para que elas acontecessem?

Posso dizer que para tudo que conquistamos houve, de alguma maneira: suor, dedicação, trabalho e planejamento. Esse objetivo ou sonho foi conquistado através de alguma busca. Você não apenas desejou, você foi atrás, entrou em ação, colocou em prática!

Em sua palestra *Superar, Inovar, Transformar – a sorte segue a coragem*, Mário Sérgio Cortella (filósofo, escritor, educador, palestrante e professor universitário brasileiro), considerado o "filósofo pop brasileiro", dá ênfase a esta lei que é claramente mostrada em suas palavras. Ele afirma que simplesmente não gosta quando a pessoa o elogia dizendo que ele tem o "dom da palavra"! Ora, dom é algo com o qual você nasce, que lhe é dado de forma divina, gratuita, como presente. Para falar de forma tão eloquente, ele se exercitou com a leitura de mais de dez mil livros, participou de inúmeras palestras e milhares de aulas, dedicou-se ao estudo e acumulou vasta experiência. Enfim, foi um esforço diário e uma busca frenética para fazer o seu melhor, e tudo começou com a simples leitura em uma missa.

Somos aquilo que fazemos e buscamos. Podemos obter e alcançar vários resultados, sejam positivos ou negativos, justamente porque colocamos esforço contínuo e repetitivo no que fazemos.

Preparação, treino e repetição são as chaves para o sucesso. E a Lei da Busca faz parte deste movimento. A excelência vem com a prática.

Não existe sucesso a curto prazo. Você deve estabelecer a habilidade de disciplinar a si mesmo adiando a gratificação de curto prazo para desfrutar de recompensas maiores em longo prazo, este é o pré-requisito indispensável para o sucesso. Você só terá alguma chance de obter sucesso se entender que ele não vai acontecer amanhã, daqui a um mês ou daqui a um ano. Você só terá alguma chance se entender que existe a possibilidade que aconteça daqui a alguns anos e se você fizer todos os dias algo para a realização dele.

> A excelência é um hábito e não um ato, **portanto se faz necessária a prática diária.**

Pequenos atos que quando somados têm como resultado a verdadeira realização. Permita-se dar o tempo necessário para que a prática seja efetiva, não espere o sucesso imediato, do dia para a noite, ele é um resultado de continuidade.

A Lei da Busca é aquela que nos inspira a sermos melhores. É a verdadeira situação de recompensa, quando passamos a receber todos os benefícios que a constante vontade de fazer e ter feito pode proporcionar.

3º) LEI DO CONTROLE

Só temos verdadeiro controle do que assumimos como responsabilidade. Podemos controlar tudo na vida, desde que assumamos a responsabilidade sobre o que desejamos controlar.

Geralmente, as pessoas não assumem responsabilidade porque não têm certeza se querem ou porque querem determinado acontecimento.

Se você deseja que algo aconteça, assuma a responsabilidade para você. **Responsabilidade quer dizer: responder com habilidade, portanto, temos que assumir para nós aquilo que queremos realizar.**

Para entender essa lei e colocá-la em prática, basta fazer algumas perguntas. Por exemplo, suponha que queira ter uma vida mais saudável. Para assumir a responsabilidade desta conquista, faça as seguintes perguntas:

- Por que você quer ter essa vida?
- Como você pode ser o único responsável para conseguir?
- De que forma pode conseguir sem prejudicar outras pessoas?

Você pode adaptar as perguntas acima para qualquer situação que deseja e conseguirá os resultados esperados. É clara a diferença entre expectativa e realização, pois o que você quer é você quem faz, e, neste caso, não esperar acontecer e entrar em ação só depende de você!

> Assuma a responsabilidade pelo que quer conquistar, faça acontecer e desenvolva novas habilidades. Se depender de você, a chance de dar certo **pode chegar a 100 %, e tudo dependerá do seu empenho!**

É maravilhoso criar a dependência com a responsabilidade. Ter o controle daquilo que queremos alcançar é tudo que precisamos para entrar em ação e realizar!

4°) LEI DA CRENÇA

Tudo em que acreditamos e que verdadeiramente sentimos se tornará realidade. Não quer dizer que acontecerão milagres ou que cairá do céu algo que você tanto espera, mas quando existe um sentimento envolvido tudo fica mais intenso, mais real.

A maioria das pessoas se deixa levar por crenças limitantes: acreditam em algo que as limitam. Todos nós temos crenças limitantes e criamos meras justificativas quando não atingimos os objetivos, como: "Eu não tenho tempo", "Eu sou muito velho", "Eu não tenho dinheiro" e "Eu não sou capaz".

Tudo o que um sonho precisa para ser realizado é de alguém que acredite que pode ser realizado. Acredite que você é capaz, acredite no seu sucesso e, principalmente, que você pode realizar. A famosa frase de Henry Ford (empreendedor americano, fundador da Ford Motor Company), demonstra a verdadeira força desta lei universal:

> "Se você pensa que pode, ou se pensa que não pode, de qualquer modo está certo".

Aquilo em que você acredita é lei, é verdade para você. Portanto, não importa o quê, simplesmente é o que acredita que se torna verdadeiro para você. Isso é tão certo como o ar que você respira. Existe e ponto.

5º) LEI DA EXPECTATIVA

Você deve ter expectativa grande e desejar intensamente. As pessoas preferem não criar expectativas com medo de se frustrar ou fracassar.

Pense bem, não seria melhor 50% de um grande sonho do que 100% de nada? A expressão "Mire na lua" é fantástica, pois se você não conseguir acertar a lua, quem sabe atinge uma estrela!

Esqueça o sentido poético desta frase e entenda que você precisa sonhar alto, ter uma expectativa elevada em todas as áreas de sua vida.

> **Expectativas baixas protegem, mas expectativas altas provocam, motivam e direcionam a lugares onde você nunca imaginou que poderia estar.**

"Sonhar grande dá o mesmo trabalho de sonhar pequeno." Não é o tamanho do sonho que irá te limitar, e sim a oportunidade de entrar em ação que irá te motivar. Pense nisso!

6º) LEI DA SUPERCOMPENSAÇÃO

Quanto mais conhecimento, quanto mais experiências, quanto mais fizer pela sua vida, melhores serão seus resultados. A evolução e o crescimento são básicos e fáceis de obter. Você tem que semear para alcançar o que deseja, tem de agir, tem de fazer. Se não fazemos e não cuidamos, não teremos o que buscamos.

Se você continuar agindo da mesma forma, alcançará o mesmo resultado. Para isso a frase que, teoricamente, é atribuída a Albert Einstein nos leva a questionar os resultados e objetivos de fato, pois:

> "Insanidade é continuar fazendo a mesma coisa e esperar resultados diferentes".

Faça 20 % mais e faça diferente, este é basicamente o resumo desta lei. Ao fazer 20 % a mais, você agrega valor, conhecimento e experiência. Fazer mais do que sua obrigação, mais do que está acostumado a fazer, mais do que é esperado: este é o verdadeiro caminho para alcançar o extraordinário.

É o fazer 120 %! E é agir todos os dias e não apenas quando for conveniente.

Quando se tornar um hábito para você, as recompensas simplesmente parecerão um verdadeiro milagre! Fazer sempre mais! Este é o caminho do próprio sucesso e da lei que argumenta de forma esclarecedora a capacidade de ser sempre melhor. Nossa Felicidade vista pelo ângulo mais atrativo: o do sucesso!

7º) LEI DA ATRAÇÃO

Também designada por Lei da Gravitação Universal, foi enunciada em 1682, pelo físico e matemático inglês Isaac Newton, talvez seja a lei mais conhecida por todos. Tem suas raízes na Física Quântica e se traduz pela capacidade que temos de, com nossos pensamentos e emoções, criar a realidade em que vivemos. Então, dependendo do que pensamos e sentimos, podemos atrair coisas boas ou não.

Mas não é tão simples quanto parece. Para que funcione, é preciso viver e aplicar todas as leis anteriores, pois só assim conseguiremos atrair o que desejamos. Não é o simples fato de atrair o que pensamos. Funcionamos como ímãs, é claro, mas somente conseguiremos atrair o que estiver em conformidade com o nosso interior.

Os pensamentos emitem ondas de energias que chamam ou repelem determinadas vibrações. Para que possamos usufruir de coisas boas, precisamos estar conectados com o que realmente importa para nós. Tudo passa a ter sentido quando podemos experimentar e viver o que queremos de melhor.

O que gera a atração é pensar com consistência: é sentir-se bem, é estar bem, é viver bem.

A melhor maneira de estar em conexão é a gratidão! Quando somos gratos entramos em uma *vibe* (vibração), um estado de pensamentos positivos e conseguimos atrair situações maravilhosas.

É a Felicidade Verdadeira fazendo parte do nosso interior. Sempre digo que o agradecimento é a melhor forma de reconhecimento e é, também, a maior maneira de nos conectarmos com a Lei da Atração.

✦ Não existe mágica!

É preciso entender cada uma dessas teorias para compreender muitas coisas que acontecem. Após ler o primeiro capítulo deste livro, espero que você tenha conseguido chegar a algumas conclusões básicas, como: tome as rédeas da sua vida, seja o responsável pela sua história e não espere nada cair do céu.

Para conseguir o que deseja é preciso esforço e esforço extra. Não existe mágica! Agora que você conhece de forma didática, pois tenho certeza de que você sempre vivenciou essas leis em sua vida, mas nunca tinha parado para analisá-las de uma forma organizada, comece a trabalhar cada uma delas. Coloque em prática comportamentos e atitudes, percebendo sua ação no dia a dia.

Sinta-se bem, seja grato, atraia o sucesso e viva intensamente, porque a vida vai muito além da sorte (tenho uma explicação maravilhosa para esta palavra, veja nos próximos capítulos), ela é feita de atitudes que definem aquilo que você quer, que você deseja...

Quando mirar nas estrelas é simples assim!

Procure sempre ver os acontecimentos pelo lado bom, o lado positivo. Quer você acredite ou não, tudo nesta vida tem os dois lados, e o que irá prevalecer para você será aquele em que você focar.

Você não terá sucesso da noite para o dia. Planeje o que quer conseguir e entre em ação! A paciência é uma das virtudes necessárias para a realização.

Para que os resultados aconteçam você deve saber o porquê de desejar algo. Terá a responsabilidade pela realização; para a chance de realização ser de 100 %, o controle deve estar em suas mãos!

Bloqueie toda e qualquer crença limitante que possa ocorrer em seus pensamentos.

Lembre-se: sonhar grande dá o mesmo trabalho de sonhar pequeno.

Quer resultados diferentes? Dê o primeiro passo, faça diferente.

Não se esqueça: você atrai tudo o que sente de forma verdadeira.

Capítulo 2
Felicidade importa

Se há algo neste mundo que, consciente ou inconscientemente, toda pessoa busca, é a tal felicidade!

Uma busca frenética, realizada muitas vezes de forma amadora; o ser humano corre atrás, a qualquer custo, de algo que não sabe definir, com o intuito de responder em uníssono: "O que eu quero é ser feliz!".

Eu também vivia nessa loucura exagerada. Acreditava que, como na música *Além do Horizonte* (Erasmo e Roberto Carlos, 1975), ela se encontrava no final do arco-íris!

Quando conheci a Felicidade como ciência, comecei a compreendê-la de forma organizada, o que muito contribuiu para eu entender que precisava mirar nas estrelas, apesar da lua parecer muito mais fácil de acertar.

> A Felicidade estudada como ciência não é a coletiva; é a individual; não é a comemoração do fim de uma guerra ou a conquista de um campeonato mundial; **é a que precisa ser pessoalmente cultivada e construída todos os dias.**

É o viver sendo feliz e não para ser feliz, ou seja, a Felicidade não mais como um destino, mas sim um caminho. Este viver sendo feliz não significa que não haverá mais problemas ou dificuldades. Certos desafios fazem parte do caminho para o crescimento e isto é verdadeiramente bom. O importante é entender que a vida é feita de felicidade com momentos de tristeza, e não o contrário. Ninguém é 100 % feliz!

Uma vez escutei de uma pessoa que acreditava que a vida é triste com muitos problemas a serem resolvidos, e que, no meio, temos picos de felicidade; momentos em que ficamos alegres. Não estou aqui para dizer o que é certo ou errado, mas encarar a vida desta forma é uma opção de cada um. O mais importante de tudo é como isso contribuirá de forma significativa para os seus próprios resultados?

Psicologia positiva

Você quer ser feliz? Então, me responda a seguinte pergunta: como encara a sua vida?

A resposta à pergunta anterior irá definir o seu comportamento diante da Psicologia Positiva. Engana-se quem acredita que esta ciência está embasada no pensamento positivo. Vai muito além disso e inspira a busca do que temos de melhor para uma vida mais feliz.

Se antes a Psicologia se preocupava em investigar as doenças e suas causas, hoje a Psicologia Positiva aparece com foco nas emoções positivas, no uso das forças, virtude, e no bem-estar. Este é o apoio que precisamos para estabelecer a verdadeira Felicidade e conquistar o crescimento necessário para enfrentar todos as situações pelas quais tenhamos que passar.

Segundo Martin E. P. Seligman (psicólogo, Professor da Universidade da Pensilvânia, Ex-Presidente da Associação Americana de Psicologia, considerado o pai da Psicologia Positiva), quando estamos felizes, pensamos menos em nós mesmos, gostamos mais dos outros e queremos partilhar o que temos de bom. Quando estamos tristes, ficamos desconfiados, arredios e nos concentramos defensivamente em nossas próprias necessidades.

Para Seligman, a Psicologia Positiva leva a sério a esperança de que, caso você se veja preso no estacionamento da vida, com prazeres efêmeros, raras gratificações e nenhum significado, existe uma saída. Passa pelos campos do prazer e da gratificação, segue pelos planaltos da força e da virtude e, finalmente, alcança os picos de realização duradoura: significado e propósito.

É um mar de esperança a afirmação de que a Felicidade pode ser aprendida, como uma lição diária, através de práticas e o desenvolvimento de habilidades específicas, para que possamos ter uma vida mais feliz.

O otimismo tem um papel importante no desenvolvimento das crianças. Ensinando as crianças a pensar e agir com otimismo, podemos reduzir à metade a quantidade de deprimidos na adolescência. Educar filhos é muito mais que corrigir o que há de errado com eles. Pense em uma educação, em que o foco é identificar e intensificar as forças e virtudes, ajudando as crianças a exercitar ao máximo os seus traços positivos. Seria maravilhoso!

Mais do que um estado, a felicidade deve ser algo autêntico, verdadeiro e duradouro, capaz de trazer benefícios para a saúde, para a família, para a vida. Você precisa saber que esta tal felicidade é um simples fator de decisão, e o mais importante de tudo: ela depende somente de você!

Felicidade autêntica

Como viver uma vida de Felicidade Verdadeira? Podemos ser realmente felizes?

Não considere esta leitura como, simplesmente, motivacional, que não funciona. A motivação funciona, mas para isso ela deve vir de dentro para fora (intrínseca). O movimento intrínseco vem de uma decisão tomada por você mesmo, ou seja, é você quem deve deixar claro a necessidade de aprender sobre esse tema e se desenvolver aplicando aquilo que faz sentindo em sua própria vida.

> **A vida é uma grande universidade, mas pouco ensina quem não sabe ser aluno. O querer aprender sobre algo deve vir de você, é assim que essa leitura realmente funcionará.**

Na busca pelo crescimento pessoal e profissional, diversas vezes nos deparamos com "cursos" que apresentam alguns passos, modelos e fórmulas para ser feliz. Esses não irão funcionar.

Antes de sair comprando os cursos oferecidos, devemos fazer uma autoanálise e buscar aquilo que realmente nos faz sentir bem. Como disse, não se trata de simples motivação, tem que ser de dentro para fora!

O modo como você se sente em relação à vida é uma questão incerta, e faz-se necessária uma avaliação precisa de sua trajetória para uma tomada de decisão para o futuro.

A Felicidade Autêntica é aquela realmente sentida e vivida, envolve muito mais que motivação ou uma simples mudança de atitude. É um autoconhecimento completo pelo qual aprendemos que não temos que viver para sermos felizes, mas sim temos que viver sendo felizes e é completamente possível!

O segredo da autenticidade é entender que a Felicidade é uma questão de decisão e que temos quatro formas de vida, cabendo a você escolher qual o tipo gostaria de viver: a vida agradável, a vida boa, a vida significativa e a vida plena.

A vida agradável está integrada à busca bem-sucedida de sentimentos positivos, complementada pela habilidade de amplificar essas emoções.

A vida boa não consiste em maximizar emoções positivas, mas está integrada à utilização bem-sucedida das forças pessoais, para alcançar gratificação genuína e abundante.

A vida significativa tem um recurso adicional: o emprego das forças pessoais a serviços de alguma coisa maior que nós mesmos.

E por fim, a vida plena é conquistada quando você consegue viver essas três vidas juntas!

Pense em tudo o que quer para sua vida e escolha aquilo que você quer realmente viver.

A grande lição que se tira é que a Felicidade vem por muitos caminhos. Podemos concluir que para se viver uma Felicidade

Autêntica torna-se indispensável desdobrar nossas virtudes e forças pessoais pelos principais setores da vida: amor, trabalho, criação de filhos e busca de um propósito.

Tomando essa decisão, começamos a escrever o rumo da nossa história, a delinear o início do nosso planejamento.

Um convite para a felicidade

Devemos nos preocupar em sermos felizes?

Sim, com certeza, devemos nos preocupar em sermos felizes! E esta preocupação deve estar correlacionada à busca de conhecimento para entender como funciona esta tal felicidade!

Segundo a ONU (Organização das Nações Unidas), a busca pela felicidade é uma necessidade humana fundamental. Não é autoajuda. A Felicidade serve, também, para acompanhar a evolução de uma sociedade. É tão importante que foram criados mecanismos para medir o impacto da Felicidade na vida das pessoas, o FIB (Felicidade Interna Bruta) que diferentemente do PIB (Produto Interno Bruto), foi criado para medir o nível de felicidade e bem-estar das pessoas de um país.

O que é mais importante em sua vida: ser feliz ou ser rico?

Foi com base nessa premissa que o Butão, pequeno país budista vizinho ao Himalaia, instituiu o FIB (Felicidade Interna Bruta). O FIB foi instituído porque somente conseguimos mudar aquilo que conseguimos medir, temos que ter uma base e uma referência.

É muito simples, só podemos perceber a evolução ou crescimento de algo se tivermos parâmetros claros de medição. Em uma escola, conseguimos ver o desenvolvimento de um aluno pelas notas de uma avaliação, ou mesmo comparativos de conceitos pré-estabelecidos.

Em 1972, o Rei Jigme Singye, declarou durante sua posse, que a Felicidade Interna Bruta é mais importante que o PIB (Produto Interno Bruto). A partir daí, baseou todo seu governo em quatro premissas: desenvolvimento econômico sustentável e equitativo, preservação da cultura, conservação do meio ambiente e boa governança. Esta política virou realidade e o Butão mostrou ao mundo que o nosso conceito de avaliação de países poderia ser perfeitamente melhorado.

O primeiro-ministro do Butão, explicou na ONU, que é responsabilidade do Estado criar um ambiente que permita ao cidadão aumentar sua felicidade, e é enfático ao afirmar que o sucesso de uma nação deve ser avaliado pela qualidade de vida e felicidade do povo e não pela habilidade de produzir e consumir.

O conceito da FIB do Butão está correndo pelo mundo todo e despertando a curiosidade de muita gente interessada na promoção de um novo modelo de civilização, mais feliz e menos preocupada com o consumo.

Inspirada nesta experiência, a ONU lançou em 2012, um Relatório Anual Mundial da Felicidade, que analisa o índice de satisfação em 156 países. De acordo com o Ranking da Felicidade, World Happiness Report, divulgado em março de 2024, os cinco países mais felizes são:

1. Finlândia; **2.** Dinamarca; **3.** Islândia; **4.** Suécia; **5.** Israel.

Veja o exemplo dos EUA, de 15º, em 2023, ele passa para o 23º em 2024. O lugar onde o PIB é considerado o maior do mundo, convive, ao mesmo tempo, com o aumento dos índices de criminalidade, divórcios, guerras, neuroses e toda espécie de infelicidade. O problema é que o PIB só se preocupa com o crescimento material e não leva em conta se a riqueza gerada foi com destruição de lares ou do meio ambiente, o que, de certa forma, está intimamente ligado à qualidade de vida de seus habitantes.

Apesar de ser conhecido pela hospitalidade e pelo carisma, o povo brasileiro vinha despencando no Ranking da Felicidade, mas no ano de 2024, ele sobe quatro posições, passando a ocupar a 44ª posição. Só por curiosidade, em 2022, ocupávamos a 38ª e, em 2023, caímos para a 49ª, na lista de 137 nações.

Portanto, devemos sim nos preocupar com a felicidade pois além de ser uma necessidade humana fundamental, ela é capaz de direcionar posicionamentos e investimentos gerando novas políticas públicas relacionadas ao bem-estar e melhor qualidade de vida da população de um país.

✦ A diferença que te faz bem

Não importa o que acontece com você, o que importa é o que você faz com o que acontece com você!

A felicidade é uma questão de decisão, pois tudo o que acontece — tanto aquilo com que te faz bem quanto com o que te desafia — começa com uma decisão. A decisão de interpretar o que aconteceu.

É essa decisão, essa escolha de interpretar de forma positiva o que aconteceu deve ser colocada em prática diariamente. Não é o que fazemos de vez em quando que molda a nossa vida; é o que fazemos sistematicamente.

Temos de ser capazes de enriquecer a própria vida e tomar decisões que contribuam para o nosso crescimento e o das pessoas que estão ao redor.

O que poderia nos tornar verdadeiramente diferentes? O que você acha de uma pessoa capaz de enriquecer inúmeras vidas, mas não consegue valorizar a sua? Como seria viver sendo feliz?

Em seu livro *Poder Sem Limites*, Anthony Robbins (estrategista, escritor e palestrante motivacional), uma das principais autoridades do mundo em Psicologia do desempenho máximo e em Programação Neurolinguística, relata duas histórias que me chamaram atenção.

A primeira história é de uma pessoa que estava viajando de moto pela estrada principal, a mais de 100 km por hora quando, de repente, alguma coisa chamou a sua atenção e quando ele voltou os olhos para o caminho, só teve um segundo para reagir ao ver um caminhão. Era tarde demais: o caminhão fez uma parada inesperada e ele, em um esforço para se salvar, inclinou a moto numa derrapagem louca que pareceu durar uma eternidade. Acabou deslizando para baixo do caminhão e a tampa da gasolina pulou da moto: o combustível espalhou e incendiou tudo! No momento seguinte, ao recuperar a consciência, ele estava em uma cama de hospital com ¾ do corpo coberto por queimadura de 3º grau. Neste momento, ele toma uma decisão e recusa-se a desistir. Luta para voltar à vida e reassumir sua carreira para, após alguns anos, acabar sofrendo outro golpe: uma queda de avião que o deixa paralisado da cintura para baixo para o resto da vida.

A segunda história é maravilhosa a princípio. A vida da pessoa parece brilhante, de causar inveja para muitos. Ele é fabulosamente rico, artista de enorme talento, com muitos admiradores. Aos 22 anos era o mais famoso membro de um grupo de comediantes. Tornou-se um dos maiores êxitos da televisão em 1970, um ídolo do cinema, entrou para a música e teve o mesmo sucesso instantâneo. Dezenas de amigos, admiradores, um excelente casamento....

Agora, pergunto: qual dessas pessoas você gostaria de ser? Responda de forma imediata antes de continuar a leitura...

Tenho quase certeza de que você gostaria de ser a pessoa da segunda história, certo? Pois bem, a primeira história é a de W. Wichell, americano, morador do Colorado. Ele está vivo e conheceu mais sucesso e alegria do que a maioria das pessoas. Desenvolveu amizades com grandes personalidades, tem uma relação maravilhosa com a esposa, tornou-se um milionário no mundo dos negócios e até se candidatou ao Congresso, fazendo também campanha para sair candidato a governador do estado onde mora.

A segunda, é a história de vida do célebre comediante John Belushi, um dos maiores sucessos da história do entretenimento. Ele morreu com 33 anos de intoxicação aguda por cocaína e heroína. O homem que tinha tudo tornou-se um bêbado, um incontrolável viciado, velho, apesar da pouca idade. Por fora, ele tinha tudo, mas por dentro estava completamente vazio.

Por que algumas pessoas superam adversidades horríveis e inimagináveis e fazem da vida um triunfo, enquanto outras, apesar de todas as vantagens, transformam-se em um desastre?

Segundo Robbins, a diferença está na maneira de como nos comunicamos conosco e nas ações que praticamos. Não é o que acontece conosco que distingue os sucessos e os fracassos. A diferença está em como percebemos esses acontecimentos e decidimos o que fazer a respeito.

É o olhar positivo, é a interpretação com foco no que pode nos ajudar a crescer, a nos desenvolver. Entenda que os acontecimentos são neutros, prova disso é que uma mesma situação pode ser positiva para uma pessoa e negativa para a outra.

Veja o exemplo de um acidente, ou mesmo uma doença grave. Para alguns, pode ser o fim, e para outros, pode ser o começo de uma vida com significado. Encontramos diversos testemunhos de superação a partir de dificuldades que fizeram com que as pessoas encontrassem o seu melhor.

Parta do princípio de que ninguém cresce na zona de conforto. Então, para sermos melhores, precisamos de desafios, obstáculos, problemas e até mesmo dificuldades. Aqui está uma justificativa magnífica para você continuar seguindo em frente, sempre.

✦ Fórmula da Felicidade

Fazer uma análise mais detalhada do que acontece e determinar o que fazer é a premissa de distinção entre sucesso e fracasso. Aprender e adquirir conhecimento através de uma matemática simples também faz parte da evolução e da felicidade.

Antes de mostrar a Fórmula da Felicidade, gostaria de lembrar que as interpretações dos acontecimentos determinam a reação, que, por sua vez, está diretamente relacionada ao sentir e ao nível de estresse.

Então, permita-me perguntar a respeito deste copo. Você o vê meio cheio ou meio vazio?

Qual foi a sua resposta?

Existe uma crença para essa dinâmica: a pessoa que vê o copo meio vazio é pessimista e a pessoa que enxerga o copo meio cheio é otimista, mas não é esse o foco.

Uma vez que não existe o certo e o errado, podemos dizer que a pessoa que visualizou o copo meio vazio enxergou a figura ou a situação, o mesmo acontece com aqueles que visualizaram o copo meio cheio.

É você que define a situação do copo, somente você pode dimensionar a quantidade de água existente. Eu encontrei uma explicação básica e passei a acreditar nela.

Para mim, o copo está sempre cheio, pois 50 % dele está com água e o restante, os outros 50 %, tem ar! Não é maravilhoso? Sou eu que defino como quero e vou enxergar a situação.

Sabe por que estou escrevendo isto? Porque a Fórmula da Felicidade existe e tem como um de seus fatores a forma de como nós encaramos o que a vida nos apresenta.

$$H = S + C + V$$

Prepare-se para entender o que irá modificar o modo que você enxerga a vida! Segundo Martin E. P. Seligman em seu livro *Felicidade Autêntica* (Editora Objetiva, 2019), a Fórmula da Felicidade é apresentada com a descrição de cada um dos fatores:

- ✦ **H** = HAPPINESS (NÍVEL CONSTANTE DE FELICIDADE) – É importante distinguir uma felicidade momentânea do nível constante de felicidade. O desafio é elevar este nível para estabelecer a Felicidade Autêntica. A felicidade está diretamente ligada ao resultado das somas dos fatores a seguir.

- ✦ **S** = SET RANGE (LIMITES PRÉ-ESTABELECIDOS) – Aproximadamente 50 % da pontuação alcançada corresponde à herança dos pais biológicos. Podemos dizer que herdamos um timoneiro que nos impulsiona em direção a um nível específico de felicidade ou tristeza.

- ✦ **C** = CIRCUNSTANCES (CIRCUNSTÂNCIAS EXTERNAS) – Casamento, amigos, religião, vida social, dinheiro. A boa notícia é que algumas circunstâncias mudam a felicidade para melhor, mas respondem apenas a não mais de 8 % a 15 % na variação do resultado.

- ✦ **V** = VOLUNTARY (CIRCUNSTÂNCIAS INTERNAS) – Conjunto de variáveis que dependem de controle voluntário, o que você produz de emoções positivas ou negativas em relação ao passado, presente e futuro.

Esta última variável responde pelo restante da fórmula e é a que você pode controlar. Você pode mudá-la, mas nenhuma mudança verdadeira acontece sem esforço real. Se você assim se decidir, tenha certeza de que o seu nível de felicidade tem toda chance de aumentar e se manter.

O que podemos dizer é que se o seu SET RANGE (limites pré-estabelecidos/herança biológica) for muito baixo, terá, com certeza, muito mais trabalho do que aqueles que herdam um SET RANGE maior. Mas, tudo bem! O importante é saber que isso não irá te impedir de conseguir níveis de felicidade maiores.

Ainda segundo Martin E. P. Seligman, enquanto a felicidade que vem do prazer é transitória e difícil de melhorar, a felicidade duradoura pode ser aumentada por meio de exercícios simples, que desenvolvem habilidades específicas como a gratidão, o autocuidado, a resiliência, os relacionamentos positivos e a alegria, cujos efeitos foram comprovados.

Portanto, somando a Fórmula da Felicidade com a capacidade de desenvolver habilidades específicas que contribuem para uma vida melhor, viver sendo feliz nos permite uma Felicidade Autêntica. Quando entendemos essa premissa, paramos de buscar a felicidade, ou seja, não vivemos mais para sermos felizes, mas sim sendo felizes!

Descobrir que é possível é o que torna este livro extraordinário!

A Ciência da Felicidade é clara e estruturada, mas a vida não é clara e muito menos estruturada! Por isso, adquirir conhecimento em relação a este tema estabelece um ponto no meio do fluxo da vida, um suporte de apoio para passar de forma positiva pelas situações. Parece interessante para você?

Vamos focar nesta última variável e, assim, descobrir (pois elas já existem) formas e maneiras de criar mudanças sustentáveis, em vez de aumentar a quantidade de ocasiões de prazer passageiro que antes denominávamos "felicidade".

Quando mirar nas estrelas é simples assim!

Para aumentar o seu nível de Felicidade, escolha uma das ações abaixo e coloque-a em prática todos os dias. Veja o resultado ao final de 7 dias.

- ✦ Contar suas bênçãos (ao final do dia, pense em três coisas pelas quais você é grato).
- ✦ Praticar exercícios físicos (meia hora por dia).
- ✦ Plantar alguma coisa e cuidar! (pode ser em um vaso)
- ✦ Cumprimentar com mais calma e atenção as pessoas que você vê diariamente: vizinhos, porteiro, colega de trabalho...
- ✦ Conceder-se um pequeno prazer por dia.
- ✦ Incluir mais atos de bondade em sua rotina diária.
- ✦ Experimentar algo simples e novo.
- ✦ Sorrir mais e com intensidade.
- ✦ Ajudar alguém que precisa.

Capítulo 3
O que te faz feliz?

Você já se perguntou se felicidade tem gosto? A avassaladora passagem pela vida, por vezes, se torna implacável que acabamos por não perceber alguns detalhes.

A dificuldade existirá sempre, pois, como eu já disse, não existe uma vida sem problemas, O fracasso faz parte do sucesso e da própria felicidade, por que não? O importante é não esquecer que primeiro você precisa ser feliz para depois conquistar o sucesso que tanto busca.

É você quem deve definir o que é o sucesso. O mais importante é entender que está atrelado à felicidade e é consequência dela.

Mais do que um estado, a felicidade é um processo. Mais do que um destino a felicidade é um caminho. São suas atitudes, a interpretação das circunstâncias e, principalmente, as habilidades, que o levarão por esse caminho de realizações e, consequentemente, à satisfação garantida na vida.

O certo é que existem habilidades que podemos desenvolver para sermos felizes! Sim, é perfeitamente possível!

É lógico que temos que falar sobre felicidade novamente, afinal a nossa descoberta está justamente em encontrar a verdadeira felicidade. Portanto, vou colocar de uma forma simples as habilidades que precisamos desenvolver para uma vida mais feliz de verdade.

Ser feliz dá trabalho, mas posso garantir que é a melhor experiência que você vai viver em sua vida. Acredite, ao experimentar, a vontade de sentir a felicidade verdadeira novamente será imensa!

✦ O que vem primeiro: felicidade ou sucesso?

O entendimento do que irei expor agora é extremamente importante. A maioria das pessoas segue uma fórmula que foi sutilmente ensinada nas escolas, empresas e até mesmo pelos próprios pais. Esta teoria está embasada no seguinte princípio: se você se empenhar terá sucesso e somente depois de ter sucesso será feliz!

É justamente esse tipo de pensamento que costuma nos motivar, e assim esperamos o aumento da remuneração, bater uma determinada meta, perder alguns quilos milagrosos e, até mesmo, tirar uma boa nota, para depois sermos felizes.

Em todos os casos citados acima, é nítido que o sucesso vem antes da felicidade; somente conseguiremos ser felizes a partir do momento que conquistarmos algo que esteja em congruência com o que classificamos como sucesso.

Comigo não foi diferente: sempre precisei esperar a nota da avaliação, o aumento do salário, a conquista de um resultado para atingir o sucesso e depois, eu acreditava, que teria a felicidade como consequência. O sucesso era um ponto definido e somente após a conquista deste é que me sentia no direito de ficar feliz.

Por gerações, fomos levados a acreditar que a felicidade gira em torno do sucesso e que, se nos empenharmos o suficiente, teremos sucesso, e só então seremos felizes.

Agora, após mais de uma década de pesquisas revolucionárias, nos campos da Psicologia Positiva e da Neurociência, foi comprovado que a fórmula está errada!

Segundo Shawn Achor (pesquisador, autor e palestrante sobre Advocacia e Psicologia Positiva, trabalhou como assistente de ensino na Universidade de Harvard), "a verdadeira 'revolução coperniciana' da Psicologia pela qual, assim como Copérnico descobriu que a Terra gira em torno do Sol, concluiu-se que é o sucesso que orbita em torno da felicidade e não o contrário!".

Todas as pessoas felizes são, de alguma forma, bem-sucedidas, já o contrário nem sempre é verdadeiro. A felicidade e o otimismo promovem o desempenho e a realização. É como se o caminho para o sucesso se tornasse algo fácil, divertido e, até mesmo, mais rápido. Obtemos mais sucesso quando estamos felizes e somos positivos, é fato.

As pessoas de maior sucesso não consideram a felicidade como sendo alguma recompensa distante pelo empenho e nem passam o dia com uma postura neutra ou negativa; elas capitalizam os aspectos positivos e seguem colhendo as recompensas.

Esta constatação é ainda mais revolucionária quando temos a certeza de que não é somente o próprio sucesso individual que gira em torno da felicidade. Ao promover mudança em nós mesmos, nos tornamos pessoas melhores e mais positivas e assim propagamos o benefício da felicidade nas pessoas que nos cercam.

Como já havia dito, a felicidade precede o sucesso e não resulta dele. Esperar pela Felicidade restringe o potencial do cérebro para o sucesso. Temos mais sucesso quando estamos mais felizes e somos mais positivos, é fato!

A conclusão é a seguinte: todas as pessoas felizes vivenciam o sucesso, mas nem todas as pessoas de sucesso são felizes. Essa é uma das afirmativas mais simplistas que nos levam ao seguinte resultado: a felicidade vem antes do sucesso.

✦ Habilidades para a felicidade

Existe a Psicologia Positiva, a Ciência da Felicidade, um ramo da ciência que tem como objetivo estudar o que faz com que as pessoas sejam felizes. Focada no bem-estar e nas emoções positivas, ela entra em nossa vida de maneira diferente e foca naquilo que nos faz bem.

Por que essa preocupação em ter uma Ciência da Felicidade?

A depressão é a doença que mais cresce no mundo! Dados de 2015, mostram que 4,4 % da população mundial sofre desta doença, ou seja, 322 milhões de pessoas. O que é mais alarmante é que este índice só vem subindo.

O suicídio é apontado como 1,5 % de mortes no mundo e a segunda causa de morte de jovens, que têm um futuro considerado sem perspectivas aos seus próprios olhos, pois não conseguem enxergar a oportunidade de felicidade!

Hoje, Harvard, uma das melhores universidades do mundo tem uma disciplina que ensina a Felicidade, e isso não aconteceu por acaso.

Segundo o professor que ensina Felicidade na Universidade de Harvard, Tal Ben-Sharar (professor israelense e escritor nas áreas de Psicologia Positiva e Liderança) se desenvolvermos algumas habilidades e fizermos com que elas estejam presentes em nossas vidas, conseguiremos atingir níveis de florescimento que nos levarão a ter uma vida melhor e mais feliz!

Tive a grande oportunidade de conhecer esta pessoa maravilhosa em uma palestra na cidade de São Paulo, realizada em setembro de 2018. Nesta palestra, o "Professor Felicidade", como é conhecido, nos ensinou as habilidades para a felicidade, organizando-as e estabelecendo cinco, que explicarei neste capítulo.

1. Permissão para ser humano
2. Aprender com o estresse
3. Fazer exercícios físicos
4. Focar nos relacionamentos
5. Exercer a gratidão

1º) PERMISSÃO PARA SER HUMANO

Eis aqui a primeira habilidade que você precisa desenvolver, e acredite, é dificílimo para algumas pessoas. Você não consegue ser feliz o tempo todo. Você nunca será feliz o tempo todo. Mesmo desenvolvendo todas as habilidades que irei colocar, a felicidade é um processo e você sempre terá os seus altos e baixos.

Você é humano, portanto, é suscetível a dores e experiências que não irão agradar. É isto que precisa assimilar e parar de ficar buscando essa felicidade única e constante. Existem dois tipos de pessoas que não sofrem dores ou perdas e não expressam nenhum tipo de emoção, são os psicopatas e os mortos.

Ter problemas, sofrer, sentir dores e vivenciar emoções difíceis é um excelente sinal, afinal, você não é um psicopata e muito menos está morto. Eis aqui o primeiro e grande motivo para você ficar feliz!

Não nos damos permissão para sermos humanos, ou seja, não nos permitimos sentir, demonstrar aquilo que verdadeiramente sentimos.

A maior prova disso são as redes sociais cheias de felicidade no maior exemplo que podemos imaginar. Mas longe de ser a verdadeira realidade, sabemos que o que nos é apresentado é passível de muitos questionamentos.

A verdade é que achamos que há algo errado em sentir inveja, tristeza, raiva, ira, dor, ou seja, consideramos errado sentir emoções difíceis e, muitas, consideramos até pecado!

Não há nada de errado em sentir emoções dolorosas, somos seres humanos e elas fazem parte de nós. De certa forma podem sim ser consideradas boas, pois sinalizam que algo não está indo bem. O que não podemos é permitir que elas durem por muito tempo, ou que provoquem reações das quais iremos nos arrepender.

Monitorar esses sentimentos faz parte do autoconhecimento e do autocontrole que temos que desenvolver, mas isso não deve nos impedir de senti-las, de vivê-las.

Existem dois pontos que preciso destacar:

1. Quando rejeitamos as emoções difíceis, elas se tornam mais intensas e mais fortes. No entanto, quando aceitamos, abraçamos, vivenciamos e não resistimos, elas desaparecem e permitem a abertura para emoções prazerosas.

Quer um exemplo? Quando tentamos suprimir um fenômeno natural, como o pensamento, ele se intensifica, quer ver? Atenção! Não pense em um grande elefante cor-de-rosa. O que aconteceu? Imediatamente você pensou nele!

2. Só nos abriremos para a felicidade quando nos permitirmos que a infelicidade entre. Tanto as emoções dolorosas quanto as outras emoções percorrem o mesmo caminho. Se não permitimos sentir as emoções difíceis, elas não passam e formam um bloqueio para que outras emoções surjam. Para sermos felizes precisamos abraçar a infelicidade.

A resposta para o desenvolvimento da habilidade de "ser humano" é a aceitação ativa, que corresponde a abraçar a emoção e escolher a melhor ação para o momento, permitindo a passagem desse sentimento.

Quando abraço e aceito a emoção, consigo agir melhor, pensar melhor, resolver melhor. Por exemplo, se estiver nervosa, posso desabafar com uma amiga, escrever uma carta ou até mesmo chorar. O importante é sentir a emoção deixando-a passar por você.

2º) APRENDER COM O ESTRESSE

Um dos fatores mais importantes para a busca da felicidade, é o desenvolvimento de uma habilidade que pode não parecer tão interessante.

Saber a hora de parar, entender a real necessidade do descanso, ter o momento de não fazer absolutamente nada, são premissas interessantes que, quando bem desenvolvidas, desempenham um grande diferencial.

Por incrível que pareça, desde criança desenvolvi um sentimento horrível... ao não fazer nada, me sentia errada! Você consegue entender? É simples: todas as vezes em que estava de férias ou que, por algum motivo, não tinha que trabalhar, sentia culpa, e acredite, se intensificava quando via outras pessoas trabalhando e eu não. Que horror!

Eu tinha a crença de que não fazer nada era algo tão ruim que poderia parecer pecado. Por isso, sempre arrumava algo para fazer e não me permitia descansar... Estava sempre ligada nos 220 volts, uma verdadeira potência, só que negativa!

Foi muito prejudicial para mim, pois acabava sempre ficando doente e aí perdia a semana abatida e com aquele sentimento de culpa sem fim. Essa situação só melhorou quando entendi que dormir é importante para a felicidade. Sim, saber a hora que temos que parar, descansar, não pensar em nada, desconectar, de dizer NÃO deve fazer parte do dia a dia, da vida!

Em seu livro *Os 7 Hábitos Das Pessoas Altamente Eficazes*, Stephen R. Covey (escritor americano) elabora, de forma simples, a necessidade de colocarmos em prática as tarefas mais importantes. Através de algumas perguntas conseguimos separar aquilo que realmente fará a diferença daquilo que apenas faz parte do cotidiano.

Estabelecer o que é importante é fundamental, aprender a dizer NÃO é essencial.

Quando você assume a responsabilidade e coloca em suas mãos a gestão de seus horários, das suas necessidades, passa a produzir mais e melhor, gasta menos tempo, eleva a sua performance, a sua produtividade e a sua qualidade de vida. E neste caso, também consegue diminuir o estresse, a ansiedade e fazer tudo o que sempre sonhou e não conseguiu fazer por falta de tempo. É o simples fato de ter a confiança em saber o que deve ser feito. Isso é maravilhoso!

Estresse é o resultado de ter muitas coisas para fazer ao mesmo tempo, de não saber quando e como parar e, principalmente, de ter objetivos de vida sem significado. Então, o que se deve fazer com o estresse?

Preste atenção, o problema não é o estresse, é a falta de recuperação! Ele é uma emoção que pode ser encarada como boa. Existe o lado bom, pois ele nos ensina a ser mais fortes, mais resistentes e a lidar melhor com as dificuldades.

Devemos aceitar que sempre teremos que lidar com o estresse e desenvolver habilidades de recuperação física e psicológica quando constatamos que ele está acontecendo. O fato é que no passado tínhamos mais tempo para descansar e nos recuperar da correria e dos problemas do dia a dia. A vida era desconectada, era possível ficar longe de tudo.

Se temos que focar no tempo para a recuperação, posso descrever que esta habilidade deve ser feita em três etapas, em três momentos.

TEMPO DE RECUPERAÇÃO MICRO: A cada 2 ou 3 horas de trabalho tirar de 10 a 15 minutos de descanso. É importante fazer de 3 a 4 vezes por dia o exercício de fechar os olhos e respirar fundo (fazer 3 vezes a cada repetição).

TEMPO DE RECUPERAÇÃO MÉDIO: Como já disse, dormir é importantíssimo! Tirar um dia de folga total, para torná-lo mais criativo, mais produtivo e mais feliz.

TEMPO DE RECUPERAÇÃO MACRO: Férias são necessárias. Disponibilize para você, uma vez por ano, uma semana sem fazer absolutamente nada. Esse tempo, para a recuperação, é essencial. Desligue-se de tudo que o preocupa, deixe essa semana para você!

Em seu livro *O Lado Bom do Estresse*, Kelly McGonigal (psicóloga de saúde e professora da Universidade de Stanford), se concentra em traduzir insights da Psicologia e da Neurociência em estratégias práticas que apoiam a saúde e o bem-estar, apresenta formas de entender como o estresse pode ser bom e, principalmente, como aproveitá-lo em seu benefício.

Um dos pontos de destaque do livro é quando ela aponta que a adversidade fortalece. Com toda certeza, você conhece a frase: é na adversidade que crescemos! Por mais que a gente prefira ter menos estresse na vida, temos que admitir que são os tempos difíceis que nos possibilitam crescimento. E como isso é verdade!

Pode-se relutar em admitir tal hipótese, mas não existe meta alcançada, objetivo feito, crescimento verdadeiro se não houver uma dificuldade superada. Se temos um corpo perfeito, é porque passamos horas nos esforçando na academia, se escrevemos um livro é porque ficamos dias sentados na frente de um computador, se recebemos um diploma é porque passamos um tempo considerável em uma universidade... Enfim, não existe sucesso sem esforço!

> **Para que possamos crescer na adversidade sem traumas, é preciso acreditar que podemos tirar algo bom através do sofrimento.**

O presente recebido das experiências difíceis não vem do acontecimento em si, mas de você. Somente você consegue verificar as qualidades do sofrimento, o sentido. É confiar nessa situação para obter o resultado positivo, mesmo na dor e no futuro incerto.

A forma como pensamos é o que verdadeiramente nos define. Ver o lado positivo não conserta uma situação complicada, mas ajuda a equilibrar a angústia com a esperança. Se você quiser sofrer com a adversidade, sofra. A opção é sempre sua. Mas conseguir "jogar a mala por cima do muro" e acreditar que ao superar o obstáculo será uma pessoa melhor, é a forma mais simples de passar pela adversidade.

O que não mata fortalece!

Nossa!!! É bem isso, mesmo! A experiência ruim pode trazer um sofrimento tremendo, mas, ao mesmo tempo pode inspirar mudanças positivas. Crescer na adversidade é saber transformar o momento de tensão em inspiração!

É o que chamo de saber aproveitar tudo nesta vida. Ter a mentalidade diferente, ver o estresse como algo que é natural da vida. É com essa mudança de mentalidade que mudará a forma de ação do estresse.

O estresse é um reator: se você acredita que ele é nocivo, ele será. Neste caso, sua percepção fará toda a diferença.

3º) FAZER EXERCÍCIOS FÍSICOS

Eis aqui o meu desafio master! Como desenvolver essa habilidade de uma forma produtiva, eficaz e verdadeiramente feliz?

Sempre fui o tipo de pessoa que contava os minutos para terminar uma atividade física. Quando estava grávida do meu primeiro filho, Lucas, o médico me recomendou a hidroginástica.

No final, acredite, estava fazendo mais mal do que bem e ele me mandou parar!

A ansiedade em terminar o exercício, que encarei como obrigatoriedade, era tamanha que me causava um desconforto imenso. Cheguei até a brigar com a professora se ela desse um minuto de exercício a mais. Enfim, o resultado estava sendo catastrófico!

É preciso encarar o exercício físico não como uma obrigação, mas como algo que nos trará um grande benefício. Somente quando mudei a mentalidade consegui fazer com que o exercício se tornasse algo essencial.

Consegui encarar a prática do exercício físico como algo que me faz bem. Acredito que o aprofundamento no estudo sobre a Felicidade contribui para tudo isso. Hoje, tenho como meta semanal praticar exercício físico pelo menos três vezes, o que me deixa mais motivada, mais criativa e muito mais dinâmica. A falta da prática tem se tornado, para mim, algo inconcebível e não me vejo mais sem realizar exercícios físicos semanalmente.

Confesso que o mais desafiador de tudo foi começar. Quantas vezes parava no início do caminho. Consegui o resultado a partir do momento em que me desafiei, aplicando uma nova estratégia de cobrança. Transformei o dever em obrigação, e meus resultados começaram a mudar.

É lógico que não me tornei nenhuma atleta, mas hoje o exercício traz uma sensação ótima. Ao final, saio feliz e com disposição. Especialistas dizem que não fazer exercício físico é quase como tomar um depressivo. A vida sedentária nos traz grandes prejuízos, não somente à saúde física, mas também à saúde mental.

Existem diversos estudos sobre atividades físicas e é comprovado que não precisa muito, basta apenas 30 minutos, 3 vezes por semana, não mais. Estimula a produção de hormônios como a dopamina e a serotonina. Pode ser desde andar, nadar, dançar, ou seja, atividades aeróbicas. Significa que deve jogar fora os remédios? Claro que não. Significa que é uma habilidade que precisa adquirir para o desenvolvimento do seu bem-estar físico e da própria Felicidade, tendo em vista a produção de hormônios que estimulam o cérebro.

Movimente-se! Fomos feitos para estar em movimento. Lembre-se que no passado tínhamos que correr atrás da alimentação e hoje precisamos apenas apertar um botão. Isso não é ruim, mas precisamos entender que a atividade física deve fazer parte da rotina. Cada vez mais, médicos estão convictos de que ficar sentado é igual a fumar. Não fomos feitos para ser sedentários!

4º) FOCAR NOS RELACIONAMENTOS

Já falei no início deste livro, sobre Martin Seligman, o pai da Psicologia Positiva. Ele é o dono da afirmativa de que pessoas felizes têm o relacionamento como prioridade. Relacionamentos positivos exercem um impacto relevante sobre a felicidade; afetam a saúde psicológica e física e são um elemento essencial para o desenvolvimento do bem-estar e o cultivo do florescimento.

Em entrevista à *Revista Veja* (Edição 2612, de 12 de dezembro de 2018), Tal Ben-Shahar faz uma das afirmações mais significativas no aprendizado da felicidade. Ele destaca os relacionamentos como o fator mais importante para determinar o grau de satisfação com a vida.

Ele afirma que, por mais clichê que soe, mil amigos no Facebook não substituem um amigo no mundo real, e ficar com a família não tem o mesmo efeito quando todos ficam mexendo no celular.

Tudo deve ser feito com moderação,
é preciso limitar o tempo nas
redes sociais, focar no que
é mais significativo, ou seja,
no seu objetivo principal.

Experimente simplificar! Levar uma vida simples requer fazer uma coisa de cada vez, estar realmente ligado no que se propõe a fazer.

É impossível ser feliz sozinho! Algo natural do ser humano é sentir-se feliz por deixar o outro contente! Isto é comprovado cientificamente e é feito através da generosidade. É assim que conquistamos a chamada felicidade duradoura. Parece claro que precisamos sim de outras pessoas para sermos felizes.

A frase de Anne Frank é inspiradora para mim. Annelies Marie Frank, adolescente alemã de origem judaica, vítima do Holocausto, fala com toda simplicidade algo que muitas vezes temos dificuldades de aceitar! Quantas vezes nos pegamos dizendo que não temos nada para dar! Ela afirma:

"A GENTE SEMPRE CONSEGUE DAR ALGUMA COISA, MESMO QUE SEJA SOMENTE BONDADE!".

Relacionar-se, sentir-se incluído, a generosidade e a manifestação das emoções são partes formadoras da felicidade! A necessidade de pertencer é a principal motivação que impulsiona outras motivações. Faça uma pequena reflexão e verifique quantas coisas já fez em razão do outro ou para o outro. A necessidade de pertencer é um poderoso, fundamental e essencial, indício de humanidade.

Relacionamentos positivos são uma questão de escolha e não de acaso. A todo momento podemos escolher entre proferir uma crítica ou um elogio, ajudar ao próximo ou não estender a mão. Somos nós que estabelecemos os nossos relacionamentos.

Desenvolver a habilidade da empatia (capacidade de identificar-se com a outra pessoa com o objetivo de compreender o que ela pensa e sente), ajuda a nos relacionarmos melhor.

É preciso entrar no terreno empático, onde devemos antes aceitar as próprias vulnerabilidades e depois admitir que ninguém que encontrarmos, por melhor que seja, será perfeito aos nossos olhos. Empatia é desenvolvida.

Em 2018, desenvolvi o *Programa Florescer*, um treinamento voltado ao crescimento e desenvolvimento pessoal, direcionado ao autoconhecimento e ao florescimento humano. Todo esse trabalho está focado no entendimento e aplicação do benefício da felicidade em nossas vidas.

A penúltima aula do *Programa Florescer* é sobre relacionamentos. Esse programa foi desenvolvido por mim, com o intuito de compartilhar as premissas básicas da Psicologia Positiva, do bem-estar e da Felicidade. Ao final de cada aula, chega-se à conclusão de que é possível aprender a se relacionar de forma intensa, verdadeira e única. Para "alcançar" essa tal Felicidade, precisamos entender que se faz necessário estabelecer relacionamentos positivos e duradouros que nos inspirem e nos motivem a TER, a SER e a FAZER aquilo que temos de melhor, sempre.

5º) EXERCER A GRATIDÃO

A Felicidade, muitas vezes, traduz-se em um simples gesto de amor resumido em uma única atitude. Como não se sentir feliz com tantas demonstrações de afeto, carinho e atenção que recebemos involuntariamente, quando pensamos que não fizemos nada para isso.

Na simplicidade de um "obrigado" está toda a riqueza de um agradecimento. Gestos que emocionam, nos tornam melhores e nos unem infinitamente. Atitudes altruístas que elevam a uma categoria sem precedentes, um patamar tão fácil de conquistar, mas que o ser humano passou a complicar.

É dando que se recebe, é fazendo algo que passamos a ser capazes de receber. A gratidão se faz presente sempre em duas maneiras: toda vez que fazemos algo (dar) e todas as vezes que recebemos (agradecer)!

A gratidão é a maior habilidade que devemos desenvolver, uma grande ação com infinitos resultados. Ela é a mãe de todas as virtudes.

Ser grato por tudo e por todos!

✦ Intensifique

Entendo que nem sempre é fácil encontrar um sentido e agradecer a tudo. Algumas coisas ruins irão acontecer e não podemos fazer nada para impedir, mas podemos extrair grandes lições. Precisamos entender que não são os motivos que prejudicam, de alguma forma, o nosso objetivo de ser feliz. Então, nunca negue esses momentos.

Sim, é verdade, o que faz com que a vida se torne maravilhosa não é a não existência de momentos ruins e sim as coisas boas que acontecem todos os dias, mesmo as bem pequenas. Essas coisas acontecem de formas inesperadas e são ricas de sentimentos, intenções e valores, que contribuem grandiosamente para a nossa felicidade. É o foco no positivo.

Você já parou para contar esses momentos? Quando começamos a contabilizar, passamos a perceber que temos muito o que agradecer e descobrimos que temos muito mais com o que nos alegrarmos e nos tornarmos mais felizes.

Aprender a perceber as coisas boas é um grande desafio, mas a verdade é que temos dificuldade em perceber pequenos detalhes. É preciso estar atento às situações positivas e saber valorizá-las. Sempre digo que se faz necessário intensificar o que chamo de "instante de felicidade".

> **Devemos ter a sensibilidade de colocar o momento no seu devido lugar. Se isso o faz feliz, intensifique!**

Além de contabilizar, é preciso intensificar, pois a celebração desses momentos fortalece as emoções positivas, principalmente quando compartilhamos nossos sucessos com outras pessoas. Não existe problema nenhum em nos orgulharmos de nossas conquistas, pois é através delas que reconhecemos nossas forças e qualidades e as pessoas próximas a nós são capazes de comemorar conosco.

Reconheça o valor de suas conquistas e analise como você cresceu e mudou por causa delas. Comemore a grande oportunidade disponível todos os dias, que faz com que você se torne cada vez melhor.

Agradeça, contabilize, intensifique!

Não precisa ser nessa ordem, mas é obrigatória a existência dessas três ações. Aproveite o final de um ano e pense em tudo que fez, recebeu, celebrou e acrescente mais uma ação a esta tríade: replaneje!

Com tudo o que aprendeu e habilidades que adquiriu, perceberá a necessidade de adequar um novo caminho, para que possa agir de maneira mais eficaz na busca de seus objetivos, de seu bem-estar e de sua felicidade.

Você vai perceber, afinal, é desejável termos tudo para sermos felizes, mas que saibamos sê-lo com bem pouco. E quer saber de uma grande verdade? Além da felicidade, a gratidão também se aprende!

A FELICIDADE TEM GOSTO?

Quero terminar este capítulo com as palavras de Clóvis de Barros Filho (jornalista e professor livre-docente na área de Ética da Escola de Comunicações e Artes da Universidade de São Paulo e coordenador do programa de mestrado da Escola Superior de Propaganda e Marketing), que um dia caíram em minhas mãos num vídeo postado na internet.

O adorável professor explica e define de forma espetacular o que é um instante de vida mais feliz, que eu mesma coloquei o título de: O GOSTO DA FELICIDADE!

Segue a transcrição:

> "E SE VOCÊ ME PERGUNTAR O QUE É UM INSTANTE DE VIDA MAIS FELIZ EU NÃO TENHO MEDO DE ARRISCAR. QUANDO VOCÊ COMPRA UMA TORTA DE MORANGO É PARA SENTIR O GOSTO DO MORANGO, QUANDO VOCÊ VAI VIVER É PARA SENTIR GOSTO DE FELICIDADE... AH, MAS O GOSTO DO MORANGO EU SEI QUAL É! O DA FELICIDADE VOCÊ TAMBÉM SABE, POIS, O GOSTO DA FELICIDADE VOCÊ SENTE A CADA INSTANTE QUE VOCÊ GOSTARIA QUE DURASSE UM POUCO MAIS".

Isso é o que eu chamo de O GOSTO EXTRAORDINÁRIO DA FELICIDADE!

Quando mirar nas estrelas é simples assim!

CARTA DA FELICIDADE

Entre as ações que você deve realizar para introduzir mais emoções positivas e, consequentemente, felicidade em sua vida, considere a gratidão uma das habilidades principais.

Gratidão é reconhecer algo de bom que recebeu (ou que aconteceu), sentir-se agradecido e retribuir.

Nesta atividade, deverá expressar a sua gratidão diretamente. Para ser mais feliz e para fazer outras pessoas mais felizes, escreva uma Carta de Felicidade e entregue ao remetente.

Faça o seguinte exercício:

Pense em uma pessoa que foi boa e carinhosa com você, mas a quem você não teve a oportunidade de agradecer adequadamente e escreva uma carta de agradecimento a ela.

Descreva com detalhes o que a pessoa fez e como isso afetou a sua vida. Mencione como você se lembra constantemente do que ela fez. Se possível, visite-a e leia a carta em voz alta.

Você pode fazer pessoalmente ou por telefone (WhatsApp), mas escrever uma carta é igualmente importante, e a pessoa ainda pode guardar um registro dos seus sentimentos.

Mesmo que escreva uma carta e não a envie, pode ter efeitos positivos. Segundo Martin Seligman, apenas o fato de escrever agradecendo a alguém aumenta de forma significativa a Felicidade!

Capítulo 4
Abraçando as emoções

Sempre me via em situações de extrema satisfação e bem-estar, mas não sabia como aproveitar esses momentos. Sabia que eles eram transitórios. Assim como a felicidade passa, a infelicidade também!

Então, se, na Fórmula da Felicidade, temos controle sobre a última variável e queremos resultados que eleve o nível constante de felicidade, nada mais correto do que focar nas emoções satisfatórias e intensificá-las quando elas ocorrerem.

Aprender sobre emoções vai muito além do pensamento positivo (e é esta descoberta que me fez entender a diferença entre ficar pensando que tudo vai dar certo e tomar as atitudes para que tudo dê realmente certo). É, principalmente, saber identificá-las e colocá-las em prática com maior grau de intensidade possível.

O pensamento positivo é o simples fato de pensar (vai dar tudo certo!), já a emoção positiva é o sentir, é o viver de forma intensa o que não cabe no coração (a esperança de que meu desejo irá se realizar porque fiz o que precisava ser feito).

Quando alguém pergunta, como você está se sentindo, o que você responde?

Com certeza, responde da forma mais simplista possível, como a grande maioria das pessoas: "Estou bem!" Mas, o que acha de intensificar este sentimento?

A última variável da Fórmula da Felicidade são as emoções. Intensificar as emoções positivas é o caminho para os resultados que esperamos.

Os prazeres físicos são considerados satisfações imediatas, passageiras, estimuladas através dos sentidos e precisam de pouca ou de nenhuma interpretação. Apesar da satisfação que trazem, não é fácil construir a vida em torno de prazeres momentâneos, pois assim que os estímulos externos cessam eles desaparecem rapidamente.

Já os prazeres maiores, que são também passageiros, são cognitivos e variados, criam hábitos rapidamente, pois passamos a apreciar as sensações e buscamos vivê-las de novo.

✦ Falando sobre as emoções

Vamos falar um pouquinho mais sobre as emoções. De acordo com Susan David (psicóloga e palestrante, autora do livro *Agilidade Emocional*) as emoções, assim como os acontecimentos, são neutras, e nós as polarizamos em negativas e positivas.

Precisamos desenvolver a agilidade emocional e assim aprender a lidar com todas as emoções que sentimos.

As pessoas que desenvolvem essa habilidade são dinâmicas, demonstram flexibilidade ao lidar com o mundo, que podemos chamá-lo de VICA, considerado Volátil, Incerto, Complexo e Ambíguo. Esse conceito está diretamente relacionado aos imprevistos e à rapidez com que as mudanças ocorrem.

É justamente para essa vivência que precisamos desenvolver o que chamamos de agilidade emocional (habilidade de lidar com as emoções), sendo capazes de tolerar níveis elevados de estresse e suportar reveses, permanecendo ao mesmo tempo abertos e receptivos.

Quem tem agilidade emocional compreende que a vida nem sempre é fácil, mas continua a agir de acordo com os valores que mais preza e a perseguir seus objetivos a longo prazo.

Aprende a sentir raiva e tristeza, mas enfrenta esse sentimento com autocompaixão, aceitação e curiosidade. Elas não negam as emoções difíceis, que denominamos como "negativas", entendem que essas emoções fazem parte do nosso contrato com a vida. As emoções difíceis como o medo, a tristeza e a raiva, possuem uma função evolutiva e podem ser consideradas como mecanismo de sobrevivência. Nesses casos, realizam o bem para nós mesmos.

As emoções difíceis existem, não podemos negá-las, devemos senti-las como forma de auxílio ao nosso desenvolvimento e crescimento.

Essas emoções, em determinadas circunstâncias, nos avisam de que algo está errado e colocam o organismo em estado de alerta para lidar com algum perigo iminente.

Outro exemplo é quando sentimos tristeza. É normal estar triste, não podemos negar. Agora, uma tristeza que dura dias, semanas, meses, é algo para ter atenção, pois pode evoluir para um estado de doença, por exemplo a depressão. Estar triste tudo bem, agora ser uma pessoa triste é um grande problema.

Uma situação em que a emoção difícil é considerada necessária é o caso do medo como mecanismo de sobrevivência. Sentir medo é benéfico quando nos alerta a fugir do perigo e a nos afastar de quem nos ameaça. E aqui, cito Mário Sérgio Cortella, que tem uma maravilhosa explicação para medo. Em seu livro *A Sorte Segue A Coragem* (Editora Planeta, 2018), ele escreve:

"Não é perigoso sentir medo, perigoso é perdê-lo".

Sentir medo é um sinal de inteligência. Perigoso é sentir pânico, que é a incapacidade de ação. Medo é estado de alerta e algo altamente positivo. A natureza colocou dois mecanismos de proteção: medo e dor. Se você perder qualquer um deles fica absolutamente vulnerável. É perigoso deixar de senti-los.

E aqui voltamos a afirmação: as emoções são neutras. Até o medo, que é considerada uma emoção "negativa", de uma certa forma, também é positivo!

Agora, as emoções boas, consideradas positivas, além de serem indicadoras de saúde e bem-estar, produzem a saúde e o bem-estar, impulsionando-nos ao *flourshing* (florescimento). Elas não apenas otimizam o presente (instante que experimentamos) como seu efeito é capaz de perdurar por longo prazo. Por isso, temos que construir, ampliar e intensificar essas emoções.

Outra grande pesquisadora no campo das emoções é a Dra. Barbara Fredrickson (professora americana no departamento de Psicologia da Universidade da Carolina do Norte). Graças ao trabalho dela e de outros pesquisadores hoje sabemos, com certeza, aquilo que a sabedoria ancestral já apontava: as emoções positivas são a chave do florescimento e bem-estar humano.

As emoções positivas possuem a capacidade de expandir nosso repertório de pensamentos e ações e construir recursos pessoais, tanto os físicos como os intelectuais e os psicológicos.

Desenvolver a agilidade emocional sabendo identificar as emoções, é um caminho certeiro para aumentar os nossos níveis de felicidade. Afinal, se forem positivas, você as intensifica e, se forem negativas, aprende a passar por elas.

✦ O benefício da felicidade

Como trabalho com a Psicologia Positiva, me distancio dos fatores que tornam as pessoas infelizes para focar naquilo que me faz bem, ou seja, as emoções boas que contribuem de forma excepcional para o desenvolvimento da felicidade e prosperidade. Só de falar, estudar ou ler sobre felicidade já é possível entrar em um estado emocional positivo.

Antes, era constatada uma proporção de 17 para 1 positivo no que se refere à pesquisa no campo da Psicologia. Ou seja, para cada estudo sobre felicidade e prosperidade, eram conduzidos 17 estudos sobre depressão e distúrbios. Sabíamos muito mais em como estar mal e infeliz e tão pouco sobre felicidade.

Com a Psicologia Positiva chegamos à conclusão que o fato de ser feliz não é somente um benefício, mas uma necessidade.

Através de pesquisas significativas, cientistas comprovam o efeito de estados emocionais positivos que inundam o cérebro com dopamina e serotonina, substâncias químicas que não apenas nos fazem sentir bem como também nos colocam em estados de aprendizado elevado.

Um experimento realizado por Richard Davidson (professor de Psicologia conhecido ao estudar os efeitos da meditação budista sob o ponto de vista da Neurociência) comprova que os voluntários que passaram por sessões de meditação conseguiram produzir o dobro de anticorpos, após tomarem uma vacina contra gripe, em comparação com aqueles que não participaram de momentos que proporcionavam aumento de estados emocionais positivos.

Por intermédio das emoções positivas, todos nós podemos experimentar o privilégio da Felicidade. Lembre-se de que a Felicidade é uma questão de decisão e ela requer prática e empenho.

Temos, sim, o controle sobre nosso próprio bem-estar emocional. Buscar objetivos de vida que façam sentido, identificar oportunidades, cultivar uma postura otimista e de gratidão são formas de estimular situações que nos elevam para vivermos sendo felizes!

A Felicidade é contagiante! Passe a viver as emoções positivas com intensidade. Alegria, contentamento, amor, gratidão são propulsores da Felicidade. Visualize o melhor de cada situação, afinal ser feliz não é acreditar que não precisamos mudar, é perceber que podemos.

Passado, presente e futuro

Você já parou para pensar como viveu o seu último ano? Uma pequena lembrança de grandes momentos que marcaram o ano me faz refletir sobre a intensidade com que vivenciei certos acontecimentos.

Inúmeras coisas aconteceram, mas sempre tive dificuldade de relembrar alguns momentos. Na maioria das vezes, não conseguia perceber o valor de um simples gesto, seja um sorriso, um abraço, um elogio, uma conquista, que a princípio parecem pequenos, mas que podem ter vários significados.

Valorizar essas situações intensifica o comportamento e marca a memória para um desejo incontrolável de viver novamente. As emoções positivas estão ligadas ao passado e incluem a satisfação, o contentamento, a realização, o orgulho e a serenidade.

Existem as emoções positivas ligadas ao presente como a alegria, o êxtase, a calma, o entusiasmo, a animação e, a mais importante, que é o flow, que significa fluir, e estão ligadas à felicidade.

Temos também as emoções positivas ligadas ao futuro que incluem o otimismo, a esperança, a fé e a confiança.

Se sentimos emoções diferentes em relação ao passado, presente e futuro, e podem não ser positivas nos três períodos, é plenamente possível estar feliz com o nosso passado, mas infeliz com o presente e com desesperanças no futuro. Certo? Mas isso não é um problema.

Aprender a redefinir o modo como se sente em relação ao passado, como vive o presente e o que pensa do futuro com o direcionamento das emoções é um dos caminhos para a descoberta do que procuramos. A intensificação do que nos faz bem é o que fará enorme diferença!

✦ A verdadeira intensidade

Podemos elencar prazeres derivados de emoções que nos fazem bem de alta intensidade (enlevo, deleite, emoção, euforia, júbilo), de intensidade moderada (animação, contentamento, bom humor, graça) e de intensidade baixa (conforto, harmonia, divertimento, relaxamento).

Podemos aumentar a felicidade momentânea com hábitos, apreciação e atenção.

Qual a sensação quando você come, pela segunda vez, um pedaço de um bolo de chocolate? Com certeza, na segunda vez não experimentamos o mesmo prazer do primeiro pedaço.

Observe, todas as situações em que dá a primeira mordida em algo. O sabor é mais intenso, é mais saboroso. Traga para o dia a dia e preste atenção a cada ato praticado. A diferença está em criar espaço para a realização e intensificar as situações para obter melhores resultados dando ênfase à primeira vez ou à forma que você realiza.

Permita-se apreciar cada momento, dê atenção deliberada e consciente diante de cada experiência, compartilhe com pessoas que você ama, tire fotografias mentais ou pegue uma pequena lembrança concreta do evento, orgulhe-se de participar, deixe-se envolver totalmente, aumente o grau de intensidade e tente não pensar, apenas sentir.

Pare de agir automaticamente, tenha mais atenção ao momento presente e você conseguirá ter uma tranquilidade muito maior do que quando vive a experiência com pressa e com a preocupação no futuro.

Meios de intensificar as emoções

Receber, agradecer, admirar e aproveitar são meios de intensificar o prazer. Dê um presente para você, intensifique suas emoções positivas e os seus momentos de prazer, escolha um dia para vivenciá-los ou aprenda a identificar quando acontecem naturalmente.

Experimentar intensamente a alegria, o contentamento, o interesse e o amor, são recursos pessoais que poderão ser utilizados por toda a vida, lembrando que é cientificamente comprovado que emoções positivas produzem saúde e bem-estar.

Serve para refletir e pensar se o caminho que está escolhendo é um caminho em que você está sempre ocupado e não está vivendo de fato. Ocupação não é sinônimo de vida, é sinônimo de atividade. Essa história de "eu não levo trabalho para casa" ou "não misturo trabalho com vida pessoal" é uma grande besteira.

Você é uma pessoa única e indivisível, portanto, a solução é administrar o tempo e intensificar as emoções. Permita-se estar presente.

Que tal quando você estiver se sentindo bem, por qualquer motivo, intensificar esta emoção? Como? Você não precisa de nenhum psicólogo para dizer do que gosta e o que não gosta!

Se está se sentindo bem é porque algo bom aconteceu. Então transforme este "algo bom" em "algo extraordinário"! Tenha uma atitude verdadeira e que o deixe feliz, aprecie cada momento e foque no sentimento de pura sensação de bem-estar. Abrace a sua emoção. Assim, esses momentos se tornarão inesquecíveis, e se alguém perguntar a você como está se sentindo, não responda simplesmente "bem". Diga, sem medo: "Estou feliz!".

✦ Otimistas e pessimistas

Ainda no campo das emoções, passando para uma área mais técnica, é de grande importância esclarecer o comportamento das pessoas otimistas e pessimistas. Existe uma ligação direta a respeito das emoções pela qual o comportamento influencia diretamente em seus resultados.

Em relação a um problema, os pessimistas desistem facilmente enquanto os otimistas são resistentes perante as adversidades. Esta postura está diretamente ligada às diferentes crenças adotadas e que diante dos problemas determinam o nosso otimismo ou pessimismo e consequentemente o nosso sucesso e fracasso.

A diferença entre otimistas e pessimistas está no modo com que interpretam eventos negativos. Isso que influencia suas atitudes no presente e suas expectativas em relação ao futuro.

Os pessimistas têm uma forma peculiar de análise, têm como base a **impotência aprendida** (os acontecimentos são internos, permanentes e universais). Os otimistas vivem sob a ótica do que chamamos de **otimismo aprendido** (os acontecimentos são externos, temporários e específicos). O pessimista sente-se impotente, como vítima da situação, enquanto o otimista é o protagonista da sua própria história.

A pessoa com baixa autoestima (pessimista) explica os acontecimentos ruins como sendo sua culpa; ao contrário das pessoas com alta autoestima (otimista) que encontram explicações externas para os acontecimentos, pois se consideram capazes diante dos obstáculos, e de nenhuma maneira elas se eximem da responsabilidade, apenas não se culpam demasiadamente. O pessimista diz: "O problema sou eu!" (Interno). O otimista: "Foram as circunstâncias!" (Externo).

O tempo de permanência do problema afeta diretamente o otimismo. Para o pessimista: "Essa situação nunca irá mudar!" (Permanente). Para o otimista: "Ela será resolvida logo!" (Temporária).

Curiosidade: no caso de acontecimentos positivos a situação inverte sendo que o pessimista acredita que é sorte e que será passageiro e o otimista entende como ganho permanente, ou seja, se ele obteve sucesso uma vez pode conseguir sempre!

As pessoas que criam explicações universais desistem quando o problema acontece; já as que dão explicações específicas conseguem entender que existem outros aspectos e a vida é capaz de fluir de forma diferente. No caso do pessimista, ele analisa: "Isso irá afetar todas as minhas outras ações!" (Universal). Já o otimista: "Há muito mais na vida do que somente isso!" (Específico).

Esta forma de olhar o mundo é denominada **Estilo Explanatório**.

O estilo explanatório do otimismo não é a afirmação simplista de que tudo há de dar certo (expectativa ilusória), mas uma preparação interior para agir em ocasiões de derrota pessoal. O otimismo pode ser considerado um viés encorajador que auxilia no enfrentamento de estressores, o que não significa que o caminho ideal seja um otimismo cego.

O otimismo, enquanto uma expectativa ilusória — como desejos que não envolvem ação — não levam a nenhum resultado. Por outro lado, se o otimismo estiver ligado ao estilo explanatório positivo que a pessoa adota — vendo a dificuldade como desafio e valorizando as conquistas — implica o aumento do bem-estar e da resiliência.

Essa explicação, que acredito ser extremamente necessária na busca de encontrar o melhor que existe em mim, se resume na frase de Winston Churchill (político conservador e estadista britânico, famoso principalmente por sua atuação como primeiro-ministro do Reino Unido durante a Segunda Guerra Mundial):

> **"O pessimista vê em cada oportunidade uma dificuldade. O otimista vê em cada dificuldade uma oportunidade".**

É a mais pura verdade. O pessimista não consegue ver a solução de um problema, mesmo estando à sua frente. A capacidade de visualização vem de suas crenças que limitam o seu potencial. Você faz a oportunidade, então cabe somente a você decidir qual o seu estilo.

Cabe a você, autor da sua história, definir aquilo que você é! Você pode ser um otimista habilidoso ou um pessimista de carteirinha. O que você escolhe ser?

Quando mirar nas estrelas é simples assim!

Treine a mente e estimule as emoções que fazem bem a você.

- ✦ ENCONTRE SIGNIFICADO POSITIVO – Em eventos e experiências ative sempre as emoções positivas (alegria, interesse, contentamento e amor).
- ✦ TENHA OBJETIVOS – As emoções positivas estão ligadas a causas e consequências em atingir objetivos claros, determinados e específicos.
- ✦ OBTENHA ENGAJAMENTO SOCIAL – Realização estabelece muita felicidade e satisfação.
- ✦ PRATIQUE MEDITAÇÃO E RELAXAMENTO – Descansar o corpo e a mente e liberar a tensão.
- ✦ *CARPE DIEM* – Aproveitar o dia e energizar-se com os pequenos prazeres da vida.
- ✦ ESTABELEÇA CRENÇAS FORTALECEDORAS – Acredite naquilo que faz você crescer e ser uma pessoa melhor!
- ✦ ABRACE SUAS EMOÇÕES – Intensifique aquilo que você gosta de sentir.
- ✦ SEJA FELIZ! – A Felicidade sempre será uma questão de decisão.

Capítulo 5
Uma nova mentalidade

Escolher a vida que queremos ter é uma decisão única e exclusiva nossa. Somos nós quem decidimos se queremos ter uma vida agradável, uma vida boa, uma vida significativa ou uma vida plena. Somos nós quem decidimos se queremos ou não viver o melhor que existe em nós.

Portanto, se a decisão sobre a Felicidade está em nossas mãos, decidir pelo que somos responsáveis faz parte do processo.

Voltando ao assunto do Capítulo 1, precisamos deixar bem claro a diferença entre culpa e responsabilidade. Como já disse, nós seres humanos fomos acostumados a sempre achar um culpado para tudo. Era assim que eu também me definia antes e falava, inúmeras vezes:

— O fulano é culpado disso!

— Não deu certo por causa da situação do país!

— O trabalho não deu certo, porque não fizeram a parte que lhes cabia.

Enfim, sempre apontei um culpado! O eterno "mimimi", a verdadeira desculpa quando não conseguia cumprir ou realizar alguma coisa.

Veja essa história: dois irmãos foram criados nas mesmas condições de vida. Ambos tiveram uma infância difícil, pai alcoólatra, que cometeu um crime, passando o resto dos seus dias preso. O que torna esta história interessante é o resultado dela. Os irmãos tiveram destinos diferentes. O mais velho, infelizmente, acabou tomando o mesmo caminho do pai e se envolveu em negócios ilícitos, e acabou sendo preso. Já o mais novo constituiu uma linda família, muito competente e acabou por exercer um alto cargo de liderança na empresa em que trabalhava. Aos dois irmãos foi feita a mesma pergunta: "O que o levou a ter uma vida assim?" A resposta veio de cada um através de uma mesma afirmativa: Meu pai. A mesma situação com resultados diferentes.

Não importa quem seja o culpado por algo quebrado ou ruim se é **nossa responsabilidade consertar!**

Por exemplo, a culpa não é da pessoa se o pai é um dependente de drogas, mas é responsabilidade dela descobrir como lidar com esse trauma e lutar para construir uma vida positiva.

Não é sua culpa se o parceiro te traiu, mas é sua responsabilidade descobrir como transformar essa dor, tomar a decisão de continuar o casamento em nome da unidade da família ou exigir o divórcio. A responsabilidade está em superar e ter uma vida feliz!

Culpa e responsabilidade não andam juntas!

Se ficarmos buscando os culpados, vamos sempre querer que eles consertem, que eles sofram, que eles paguem.

Quanto mais tempo você procurar um culpado, mais ficará preso na armadilha de ser vítima, e isso é horrível!

Comece entendendo que o seu coração, a sua vida e a sua felicidade dependem somente de você e de mais ninguém. Você é o funcionário mais importante da sua Felicidade, jamais terceirize essa função. E se alguma coisa não der certo, não tem problema, mude o plano, mas nunca o objetivo!

A responsabilidade

A palavra responsabilidade nos inspira a atitudes verdadeiras, mas no primeiro momento pode salientar o medo do fracasso.

Muitas vezes, o que nos impede de assumir o leme do barco é acreditar na possibilidade iminente que criamos em relação ao fracasso, e dessa forma nos impedimos de seguir adiante.

Assumir a responsabilidade deve ser algo extremamente fácil, se quisermos escrever a nossa história, e, acredite, essa facilidade é perfeitamente possível! O que vou trazer agora é simplesmente extraordinário, uma descoberta transformadora denominada Mindset ou mentalidade!

No livro de Carol S. Dweck (professora de Psicologia de Lewis e Virginia Eaton na Universidade de Stanford), aprendemos que Mindset não é apenas um traço da personalidade e sim uma atitude mental de como lidamos com a vida. O sucesso pode ser uma consequência do comportamento.

Sim, a força em assumir responsabilidades está diretamente ligada a mentalidade que adotamos.

Desde o começo dos tempos, as pessoas pensam, agem e vivem de modo diverso umas das outras. Não se trata apenas de natureza ou estímulo, genes ou meio ambiente, há sim um intercâmbio constante entre essas coisas. As pessoas podem ter diferentes temperamentos e aptidões no início de vidas, mas evidentemente a experiência, o treinamento e o esforço pessoal fazem toda diferença no restante do percurso.

Desenvolver a mentalidade necessária para assumir a responsabilidade só será possível através do seu Mindset. Pode parecer confuso, mas você conseguirá perceber que será bem mais fácil do que imagina!

✦ Uma nova forma de crescer e se superar

Quando nascemos e estamos desprovidos de qualquer julgamento, passamos a aprender de forma brilhante, sem medo, sem receios. Aprendemos a comer, a andar, a falar e desenvolvemos essas habilidades com grande competência e resultado. Acredite, ninguém aqui, quando aprendeu a comer, tinha alguma limitação.

Você até pode dizer que comer, falar, andar são instintos de sobrevivência, por isso é "fácil" aprender, mas digo que são simples habilidades. Assim, podemos desenvolver várias outras, como o domínio de habilidades específicas para o desenvolvimento de ações visando nosso crescimento pessoal e profissional.

Muito se ouve falar sobre Mindset, mas sabe o que significa? Podemos descrevê-lo como a mentalidade que cada um tem em relação à vida. Em termos práticos, o conceito significa o conjunto de atitudes mentais que influencia diretamente nossos comportamentos e pensamentos.

Essas atitudes mentais podem ser a chave para assumirmos as nossas responsabilidades, deixar de lado a culpa e alcançar sucesso ou não. O modo como você reflete sobre as situações determina como irá agir e seus atos desenrolam em consequências positivas, neutras ou negativas.

A premissa é simples: aprenda a diferenciar os dois tipos de Mindset existentes e entenderá por que algumas pessoas, ao serem desafiadas, esfregam suas mãos de satisfação, ficam dispostas a enfrentar e a assumir riscos e responsabilidades.

As duas possibilidades de mentalidades

Após pesquisar durante muitas décadas, em seu livro *Mindset – A Nova Psicologia Do Sucesso*, Carol S. Dweck identifica a existência de dois tipos de mentalidades distintas, dois tipos de Mindset. Vamos entender cada um deles.

Mentalidade Fixa: os indivíduos acreditem que se não nascem com determinadas capacidades e dons, naturalmente, também não podem desenvolvê-los. Geralmente, entendem que a inteligência deles está sendo colocada em julgamento a todo momento e se sentem inseguros. A tendência de não engajar impede a pessoa de adquirir novos conhecimentos, que considera estarem em um nível de dificuldade maior do que ela pensa que é capaz. Tanto na escola, quanto profissionalmente ou pessoalmente, ter a Mentalidade Fixa demonstra mais pensamentos dolorosos e a inclinação de ficar estagnado e desmotivado diante de situações complicadas que fogem do comum.

Mentalidade de Crescimento: ao contrário da Mentalidade Fixa, as pessoas com esse tipo de pensamento acreditam que seus talentos e habilidades podem ser desenvolvidos, desde que elas sejam pacientes, focadas, esforçadas e dedicadas. Essa vontade de aprender, crescer e expandir as próprias possibilidades nada mais é do que o lema desta mentalidade. Ninguém é uma ilha que não pode mudar e alterar o curso da própria história. Todos nós somos capazes de fazer diferente.

O importante é saber a nossa mentalidade em uma determinada situação e identificar o tipo de Mindset cujo foco é o que nos levará ao desenvolvimento, abrindo novos caminhos. Assim as ideias sobre desafio, esforço e responsabilidade virão logo em seguida.

✦ Mentalmente responsável

Assumir responsabilidades está diretamente ligado ao tipo de mentalidade.

Vou explicar como cada um reage em relação ao fracasso.

Para as pessoas de Mentalidade Fixa o fracasso não é um fato (eu fracassei) e sim uma identidade (sou um fracassado). Elas não conseguem assumir responsabilidades. A preocupação em não dar conta do conjunto da obra e não obter o resultado desejado faz com que não assumam posicionamento, preferindo encontrar alguém que faça por elas. Caso contrário, se não conseguirem, chegará a uma situação de fato, tornando-se fracassadas.

Já para as pessoas que adotam a Mentalidade de Crescimento, o fracasso pode ser uma experiência penosa, mas não as define. É um problema que deve ser enfrentado e tratado, e dele deve-se extrair ensinamentos. Elas assumem responsabilidade e, se fracassarem, pedem desculpas e aprendem com a situação.

Quando as pessoas acreditam em traços imutáveis (fixo), estão sempre achando que correm o risco de serem avaliadas nos fracassos. O fracasso pode defini-las de modo permanente. Por mais inteligentes e talentosas que sejam, essas atitudes parecem incapacitá-las para o uso de recursos de reação. Quando acreditam que suas qualidades básicas podem ser desenvolvidas (crescimento), os fracassos podem ser dolorosos, mas não se tornam identidade. E, se é possível expandir as capacidades, existem muitos caminhos para o sucesso.

> **Ter responsabilidade envolve assumir desafios, e as pessoas de Mindset Fixo sempre preferem as alternativas mais fáceis, mais seguras.**

As de Mentalidade de Crescimento acreditam que assumir desafios é ter a possibilidade de desenvolver a inteligência. Não têm medo e escolhem o difícil, o novo, pois para elas o sucesso significa desenvolverem-se. Buscam o desafio e prosperam com ele. Quanto maior o desafio, mais se desenvolvem. Para elas, assumir responsabilidades não significa ganhar ou perder, mas sim aprender e se desenvolver. Elas se esforçam tanto, que realizam, até mesmo, o que consideram impossível!

◆ Identificando a mentalidade

É muito fácil identificar a sua mentalidade. Essa identificação me ajudou, a ponto de refletir sobre a minha postura como mãe e a influência na vida de cada um dos meus filhos.

Fazer uma mudança de mentalidade passou a ser prioridade. Consegui identificar minha postura fixa, que refletia de forma direta no desenvolvimento deles. Essa mudança que se tornou extremamente necessária e, depois, exitosa.

Se você nunca quer fazer atividades diferentes do que está acostumado, se nega a aprender novos conceitos, pede a opinião dos outros e foge de grandes responsabilidades por medo de não conseguir lidar, você adotou um Mindset Fixo.

Já nas situações nas quais você busca vencer limitações e aprimorar os conhecimentos diariamente, não tem medo de adquirir novas responsabilidades, está sempre estudando e se atualizando, tem a aptidão para transformar a dificuldade em uma oportunidade de aprender e evoluir. Se erra, não existe problema, pois acredita que é possível assimilar novos conhecimentos.

O importante é enxergar os pontos positivos do processo e entender como corrigir os pontos negativos, e assim você assume uma Mentalidade de Crescimento.

As mentalidades são uma parte importante da personalidade, e você pode modificá-las simplesmente tomando conhecimento da existência dos dois tipos.

Você pode começar a raciocinar e reagir de novas maneiras. As pessoas dominadas pela Mentalidade Fixa perdem a oportunidade de aprender, sentem-se rotuladas por um fracasso ou desanimadas diante da exigência de um grande esforço. A boa notícia é que podem passar para a Mentalidade de Crescimento quando conseguem enxergar a garantia de que irão enfrentar o desafio, aprenderão com o fracasso e prosseguirão com o esforço.

◆ Uma mentalidade de sucesso

Partindo do pressuposto de que a opinião que adota a respeito de si mesmo afeta profundamente a maneira de levar a vida, estabelecer a mentalidade se torna indispensável para esse processo de encontro da verdade sobre a Felicidade.

Ter paixão pela busca do desenvolvimento e a intenção de prosseguir neste caminho, mesmo e especialmente, quando as coisas não vão bem, é essencial para a Felicidade e, consequentemente, como já vimos, para o sucesso. Esta mentalidade faz parte da Mentalidade de Crescimento.

Entender a capacidade de colocar em prática essa postura é essencial, bem como identificar as situações em que adotamos as duas mentalidades, pois é perfeitamente possível um único indivíduo compactar os dois Mindsets em diferentes situações.

> **Através da adoção de algumas posturas e pensamentos, você se torna perfeitamente capaz de mudar a mentalidade.**

Adotar a Mentalidade de Crescimento, é dar a oportunidade para a Felicidade e para o sucesso. É se preparar para não desistir nunca, é aprender com o erro e saber enfrentar qualquer situação desafiadora.

✦ A mentalidade para acertar a lua

Os acontecimentos não mudam, eles são inevitáveis, quem muda é você! A responsabilidade de decidir, após a leitura completa deste livro, em como irá passar o restante da vida e enfrentar as situação e desafios que irão ocorrer, é somente sua.

Deixar-se influenciar pela situação dará ênfase às desculpas e à falta de domínio pessoal. A forma como escolhe passar o fato é o que definirá o seu destino! O que difere os bem-sucedidos daqueles que fracassam não é o que eles têm, mas sim o que eles escolheram fazer com suas experiências!

Assumir a responsabilidade de mirar nas estrelas para acertar na lua existe e está intimamente ligado à maneira pela qual se comunica com você mesmo, às ações que escolhe praticar no dia a dia, a mentalidade que adota para passar por determinadas situações e atingir seus objetivos.

Como é maravilhoso assumir a responsabilidade necessária para a sua própria Felicidade. É, literalmente, ter a caneta na mão e não ter medo de começar a escrever a sua história! É, pura e simplesmente, ter o domínio, sabendo e aprendendo a olhar o lado bom que a vida tem.

Quando mirar nas estrelas é simples assim!

Treine a sua mentalidade da Felicidade.

- ✦ Entender que tudo tem os dois lados (positivo e negativo) é parte essencial para a história de sucesso. Todas as vezes que passa por uma situação negativa faça a seguinte pergunta: O QUE EU GANHO COM ISSO? O QUE EU PERCO COM ISSO?
- ✦ Sempre estamos ganhando e perdendo alguma coisa. Ter a consciência do que está acontecendo naquele exato momento é o que fará a diferença e pesará na decisão de parar tudo ou continuar.
- ✦ O lado bom da vida é conseguir enxergar os ganhos sempre maiores que as perdas e assim nos impulsionar em direção aos objetivos.

Capítulo 6
Meus valores, minhas regras

Você já pensou o que seria necessário para que uma mudança efetiva em você realmente acontecesse? Será o questionamento sobre seus comportamentos?

Gosto muito de fazer a comparação com diferentes nações. Como podemos realizar mudanças significativas em nosso país? É possível seguir em frente diante da situação que vivemos hoje? Qual seria a melhor estratégia possível em relação a mudanças na qualidade de vida do povo brasileiro?

Uma das respostas comuns é a definição clara e objetiva dos valores que dirigem a nossa nação. Será?

Estabelecendo uma análise comparativa, fica muito evidente que os países de destaque no mundo, que conseguiram atingir objetivos importantes, são os que possuem valores fortes e determinantes. A França é um exemplo, pois possui valores que marcam e indicam a direção e o caminho a ser seguido. Igualdade, Liberdade e Fraternidade não estão apenas na bandeira, são valores vividos e realizados.

Não é julgando o comportamento das pessoas que se consegue uma mudança efetiva, mas sim construindo valores que sirvam de amparo e, principalmente, que direcionem as atitudes diante de qualquer desafio.

Numa visão mais simplista, posso afirmar que o problema do Brasil não são os políticos, como já vi muitas pessoas afirmarem, mas sim a ausência de valores sólidos. Afinal, quais são os valores da nossa nação? Ordem e Progresso? Estes, que até estão escritos em nossa bandeira, podem ser considerados valores realmente vividos pela grande maioria dos brasileiros?

Quando me perguntam o que devemos fazer para educar bem os nossos filhos, eu respondo simplesmente que devemos estabelecer os valores da nossa família, aquilo que consideramos mais importante e viver por eles! Dê o exemplo em seus atos, comportamentos, atitudes e palavras. Não adianta ter um lindo discurso moral e na prática perder-se em ações que não dignificam aquilo que você considera essencial.

Descobrir o que é importante para uma nação e para você faz parte do crescimento e da maturidade. A força de um valor é ter um norte, um direcionamento, uma forma de estabelecer escolhas relevantes, facilitando todo o processo de decisão, evolução e mudança positiva. Estabelecer o seu caminho, sua atitude, aquilo que é realmente significativo é o verdadeiro caminho para a mudança efetiva e, como dizia Martin Luther King:

> "Se não puder voar, corra. Se não puder correr, ande. Se não puder andar, rasteje, mas continue em frente de qualquer jeito!".

Isso é o que importa!

◆ Descobrindo o que importa

Segundo Raph Waldo Emerson (escritor, filósofo e poeta americano), o que está à frente e o que está atrás de nós são questões minúsculas em comparação ao que está dentro de nós; portanto, adquirir conhecimento e descobrir o imenso poder que existe dentro de você é indispensável.

Quando o pior acontece, pessoas de sucesso sabem que as coisas não saíram conforme o planejado, aprendem a lição e voltam a agir. Tornam-se mais produtivas, recompensadas e empolgadas. Elas reconhecem a importância e a força que os valores possuem para moldar o destino, entendem a necessidade de descobrir e conhecer a sua missão e seu propósito de vida explorando o uso da criatividade para criar um futuro realmente atraente.

Com a experiência, você conseguirá viver as suas emoções intensamente no seu dia a dia, superar suas próprias expectativas e encontrar a realização, pois a felicidade vem antes do sucesso.

Já falamos sobre isso, mas enfatizo novamente. Em seu livro *O Jeito Harvard De Ser Feliz*, Shawn Archor diz que ao começar a observar as pessoas, perceberá que a maioria segue uma fórmula: se você se empenhar, terá sucesso e só depois de ter sucesso é que poderá ser feliz (Capítulo 3). Se o sucesso levasse à felicidade, todo trabalhador que conseguisse uma promoção, todo estudante que passasse no vestibular ou qualquer pessoa que já tenha atingido uma meta seria feliz.

Vamos refazer a fórmula, pois esperar a felicidade restringe o potencial do cérebro para o sucesso, ao passo que cultivar a positividade estimula a nossa motivação, eficiência, resiliência, criatividade e produtividade.

✦ Ênfase na decisão

Todos nós possuímos um estímulo interior tão forte que, quando descoberto, é capaz de transformar qualquer sonho em realidade.

Muitas pessoas caem na rotina do dia a dia e sentem que, de alguma forma, o destino já não está mais em suas mãos. Erroneamente entendem que não são capazes de exercer o controle e assim se sentem impossibilitadas de escrever a própria história.

Já aconteceu comigo! Mas, agora, o foco é diferente, pois sou capaz de entender que toda hora é o momento para assumir o verdadeiro controle de minha vida. Essa decisão será sempre minha. A ação é uma das chaves fundamentais para atingir o sucesso em qualquer área da vida, e você deve colocar em prática as atividades necessárias para isso.

> **O segredo do sucesso não está em saber o que fazer, mas sim fazer o que se sabe. O conhecimento não tem utilidade se você não for capaz de colocá-lo em prática!**

Quando tomo uma atitude em relação a qualquer ideia ou conceito, começo a produzir mais resultados que me motivam a agir mais. Tomar uma decisão é, de fato, uma ferramenta incrivelmente poderosa para você mudar, imediatamente, qualquer coisa na sua vida.

✦ O poder da decisão

A maioria das pessoas não consegue mudar a condição de vida, pois, de maneira inconsciente, não acreditam estar preparadas para um novo momento. Preste atenção no detalhe: as pessoas de sucesso vivem segundo um princípio básico, que é fazer as coisas acontecerem com os recursos que possuem.

Essas pessoas são conscientes do poder que têm de controlar as decisões e seu destino, sentindo uma sensação de liberdade, crescimento e prazer de viver. Vencedores são pessoas que decidem controlar o seu destino.

Quando uma pessoa decide que está no comando, nunca mais tenta culpar fatores externos, assume a Mentalidade de Crescimento e começa a trabalhar para colher os frutos, pois acredita que o sucesso é resultado do esforço, da habilidade e da Felicidade.

Ao longo de vinte anos, Napoleon Hill (escritor influente, assessor de Woodrow Wilson e Franklin Delano Roosevelt) estudou a vida de mais de 16 mil pessoas, e organizando e analisando cuidadosamente muitos dados.

Em uma das constatações mais contundentes desse estudo, ele afirma que 95 % das pessoas que não obtiveram desempenho satisfatório na carreira não tinham claro o que queriam na vida. O restante, 5 %, alcançaram grande sucesso, pois possuíam um propósito definido e tinham, também, um plano claro e definido para alcançá-lo.

Você precisa decidir pelo seu futuro, estruturar um planejamento sobre onde quer chegar. Então, se você está neste capítulo é porque tomou algumas decisões e uma delas foi continuar a leitura...

Agora, com a decisão tomada, vamos continuar no autoconhecimento: a definição e estruturação de valores!

Valores que definem

Os valores direcionam o comportamento humano e governam as decisões. São estados emocionais, são palavras que descrevem o que nos motiva a agir. Eles dão significado à nossa missão e guiam o nosso propósito.

Todo o comportamento humano gira em torno de obter prazer e evitar a dor; a este processo chamamos de motivação. Sim, somos motivados em busca do prazer e na evitação da dor. É importante saber o que nos causa dor e o que nos proporciona prazer.

> **Todos os seus conflitos internos, até com outras pessoas, estão relacionados a valores. Se estou feliz ou aborrecido com alguma situação, é porque algum valor está sendo atingido.**

Imagine vivenciar uma situação na qual a atitude desempenhada é contrária àquilo em que você acredita. O que sente quando isso acontece? Ou mesmo quando presencia algo com que não concorda? Sentimos uma sensação muito ruim, chegando a ponto de ficarmos incomodados e queremos resolver tudo imediatamente, perdendo até mesmo o controle.

São nossos valores! São eles que se conectam com nossa forma de pensar, ser e agir, e aquilo que dá sentido à nossa história. Explicam quem somos e como vemos o mundo. Tudo está interligado, por isso quando temos missão, propósito e valores bem definidos conseguimos avançar de forma mais positiva.

Muitas pessoas não compreendem quais são os seus principais valores e qual é o seu papel no mundo. É o que faz com que muita gente sinta que o que faz não tem sentido algum, é um grande vazio existencial.

✦ Identificando valores

Para conhecer, estabelecer e identificar quais são os seus principais valores, faça-se a seguinte pergunta: O QUE É MAIS IMPORTANTE PARA A MINHA VIDA?

Como já disse, quando ficamos muito bravos ou nervosos, é porque algum valor nosso está sendo corrompido!

Nós nos motivamos por nossos valores, aprimoramos relacionamentos; os valores proporcionam harmonia interior e, principalmente, nos ajudam a fazer escolhas e tomar decisões. Aprenda a viver de forma inteligente com seus principais valores.

Existem dois tipos de valores: os valores-meios e os valores-fins. Muitas pessoas limitam seu nível de felicidade por focarem as ações em satisfazer um valor-meio. Elas se matam para atingir valores-meio e, quando conseguem, não se sentem felizes.

O que é mais importante para você na sua vida? Veja o que você respondeu:

✦ **FAMÍLIA** – Ora, família é valor-meio, 95 % das famílias são disfuncionais; a maioria é problemática. O que é mais importante, o que ela realmente quer, é o que a família proporciona: felicidade, segurança, conforto, satisfação (valores-fins).

✦ **EMAGRECER** – Ora, o emagrecimento é valor-meio. Na verdade, o que a perda de peso irá proporcionar: saúde, vitalidade, felicidade (valores-fins).

Veja a tabela:

VALORES-MEIOS	VALORES-FINS
Família, filhos, dinheiro, casamento, trabalho, religião, esporte, carro, emagrecer...	Saúde, sucesso, liberdade, segurança, conforto, prazer, poder, contribuição, realização, diversão...

Existem diversas maneiras para atingir um valor-fim e apenas uma maneira para atingir um valor-meio. Valores-meios são chamados assim porque permitem alcançar valores mais profundos ao longo da vida.

✦ Hierarquia de valores

O que também é muito importante saber é que os valores atuam em linha vertical e não horizontal. Temos diferentes palavras para expressar a importância dos principais valores, mas o problema é que não podemos atuar com todos no mesmo nível. Temos o que chamamos de hierarquia de valores, que guia o foco de decisões e ações diariamente.

O que você preza mais em sua vida: liberdade ou conexão? A decisão estará diretamente ligada à hierarquia que possui.

Uma pessoa que tenha HONESTIDADE/CONTRIBUIÇÃO/JUSTIÇA/SEGURANÇA como valores, nesta ordem, e recebe uma proposta duvidosa. Se aceitar, não irá dormir porque a honestidade é o primeiro valor.

Se a hierarquia for SEGURANÇA/CONTRIBUIÇÃO/JUSTIÇA/HONESTIDADE, a pessoa não iria dormir se não aceitasse, afinal a segurança está em primeiro lugar!

É mais do que provável que você preze essas emoções e valores, e que todos sejam importantes para você. Mas, acredite, você não preza todos igualmente. É evidente que há alguns estados emocionais pelos quais se empenhará mais do que outros.

Preocupar-se mais com o seu caráter do que com sua reputação, na hora de definir valores, é extremamente importante. Seu caráter é o que você é, enquanto a reputação é apenas o que os outros pensam que você é. Quando define os valores baseado no que as outras pessoas pensam, acaba fugindo da essência e passa a viver de forma baseada na experiência e desejo dos outros.

É definindo os valores com base no caráter, no que você é, verdadeiramente, que você passa a ocupar uma posição consistente. O encontro com o seu "eu ideal" se torna real e a congruência das atitudes passa a exibir uma forma mais consciente e ponderada com o que você realmente é, e não com o que representa.

Essa é a sua verdadeira essência, esse é o verdadeiro melhor que existe em você.

Para tudo há uma explicação

Cada pessoa possui critérios diferentes para descrever e explicar seus valores. Critérios de valor são regras condicionadas que evidenciam um determinado valor sendo satisfeito ou conquistado.

O conhecimento dos valores ajuda a ter mais lucidez sobre porque faz o que faz, e como pode viver de um modo mais coerente; é bom, também, conhecer dos valores dos outros.

> **A empatia é compreender sentimentos e emoções que sente outro indivíduo. É enxergar com os olhos do outro.**

Veja o exemplo num relacionamento, a importância do critério RESPEITO. Para um italiano, respeito é falar toda a verdade, dizer sempre o que pensa da forma mais justa e honesta possível. Para um japonês, respeito é saber ouvir ficando em silêncio.

Critérios são os comportamentos, o modo como você reage e interpreta. Cada pessoa, com sua cultura, formação e história de vida, pode apresentar critérios diferentes em relação ao mesmo valor.

Esta noção permite ser bem-sucedido nos relacionamentos, permite compreender outras pessoas e, principalmente, se autocompreender. É magnífico!

Por que as pessoas sabotam conquistas?

Quando definimos valores, precisamos entender que não é sobre qual valor **é** correto, mas sim quais valores governam as suas decisões e qual o grau de importância de cada uma delas.

Qual é o custo de viver sem a identificação da hierarquia de valores pessoais? A resposta é muito clara: quem **não conhece e não vive por seus valores tem conflitos internos, sensação de incongruência e a predomínio da autossabotagem.**

Existem pessoas que possuem todos os conhecimentos necessários para ampliar realizações profissionais e, ainda assim, se sentem infelizes no trabalho. Pessoas que poderiam obter muito mais, mas possuem um terrível medo de se lançar a novos desafios. Com certeza, essas pessoas sabotam suas conquistas porque vivem conflitos internos entre os valores de crescimento e segurança.

Quando vivenciamos situações de conflitos, as emoções negativas emergem! Passamos a vivenciar o medo, a angústia, a tristeza e tantas outras que nos impedem de realizar, de seguir em frente, de sermos melhores!

> Nós nos sabotamos pela dor e pelo prazer. Um exemplo clássico é quando permanecemos em nossa zona de conforto, por estarmos satisfazendo alguns valores. **E acredite, isso é possível!**

Sim, muitas vezes não assumimos um novo emprego, pois teremos que mudar de cidade e o conforto que a casa proporciona torna-se algo fundamental na satisfação do principal valor. Este é o mecanismo.

◆ Descobrindo a missão

Missão é o que fazemos, a nossa razão de ser. É o papel que exercemos no mundo no presente e no futuro. O maior objetivo de cada pessoa é o que representa a sua missão pessoal, o que poderíamos chamar de "A GRANDE TAREFA DA VIDA".

Missão é a declaração de como você vai viver seus valores. É concentrar a energia, o que nos permite focar em ações, comportamentos e decisões nos assuntos mais importantes. São os principais talentos, forças e capacidades, como você irá usá-los e com que objetivo.

> **Você não precisa viver 24 horas por sua missão, mas pode vivê-la sempre que possível (5, 10 minutos, 2 vezes por semana).**

As pessoas com missão de vida definida concentram-se em desenvolver habilidades, focam seus pensamentos em assuntos de maior importância e adquirem forças para realizar seus objetivos.

Missão não se define, se descobre! Adoro este comparativo: "é igual ao coração, um dia você descobre que tem!". Quando uma pessoa descobre sua missão de vida, sente-se mais completa e consegue atribuir mais significado à existência.

O exercício para a descoberta da missão não é algo para ser realizado em um dia ou em horas, é um verdadeiro exercício de descoberta e exige uma profunda reflexão diária. O importante é ter uma definição e, com o tempo, fazer os ajustes e adaptações necessárias. Não significa que a missão muda, mas sim que é ajustável à situação e se desenvolverá à medida que você adquire mais discernimento pessoal. Mesmo com as modificações, ela não perderá a sua essência.

A missão deve ser simples, clara e breve. Deve ser declarada de forma positiva, levando em consideração as forças pessoais e os valores. Mais do que tudo, toda missão deve ser divertida, prazerosa e apaixonante. A verdadeira essência definida em simples palavras que impulsionam o nosso melhor.

A essência de um propósito

O propósito é o porquê agimos, qual a intenção positiva ao realizar uma ação e qual o resultado que desejamos causar, como por exemplo, o desejo de *contribuir para um mundo melhor*.

Propósito é aquilo que você ama fazer e que o faz entrar em flow, quando realiza algo de que gosta e, consequentemente, atinge a máxima potencialidade. Ao fazer algo para o qual existe propósito, ficará cansado, mas nunca estressado!

Definir um propósito é o primeiro passo para o sucesso. Seu caminho passará a ter um direcionamento; você saberá onde quer chegar. Podemos criar um propósito para cada setor e o objetivo principal é ter claro, no presente, o que desejamos alcançar no futuro.

Sempre fiz muita confusão entre alguns termos: metas, objetivos, missão e propósito e resolvi fazer uma fórmula. Em um de meus programas de desenvolvimento para adolescentes em estágio de definição, que sofrem pressão para se decidir pelo futuro, apresentei a seguinte definição:

Queridos alunos, digamos que o seu sonho seja ser médico. Neste caso, a sua meta para este ano de vestibular será estudar todo o conteúdo do Ensino Médio (terá que criar uma estratégia, passo a passo, para o cumprimento desta meta). O seu objetivo será passar em determinada Faculdade de Medicina (gosto muito quando definem o que querem). A missão é ser médico e o propósito é encontrar a cura do câncer!

Explicar assim abre a mente para um novo direcionamento e conseguimos absorver de forma simples o conteúdo de cada palavra e o reflexo direto no nosso desenvolvimento.

Gosto de dizer que o propósito, teoricamente, é difícil de ser realizado, e para ser mais intensa: impossível! Sim, deve ser um horizonte, algo que estarei sempre buscando alcançar. A ideia de chegar ao seu propósito pode mostrar que a motivação para a vida tem um término, um fim!

Se você achar importante trabalhar com a possibilidade de seu propósito ser realizável, pense então da seguinte forma: "caso realize meu propósito, encontrarei outro propósito para a minha missão!".

✦ O que dizer do sonho?

O que me estimula? O ambiente externo. O que me motiva? O meu propósito. Pode ser considerado como sonho, mas não podemos esquecer que sonho não pode ser delírio (desejo sem condições de realizar).

O sonho é um dos elementos a serem levados em conta para que constitua o olhar sobre a oportunidade. Há situações em que a oportunidade passa ao meu lado e nem presto atenção, e acontece quando ela não está dentro do meu propósito.

> **A imaginação é o ponto inicial de toda conquista, mas não pode ser apenas uma vaga esperança, precisa ser uma necessidade ardente e pulsante que transcende tudo e todos.**

Uma das características que pode ser notada em todas as pessoas de sucesso é a habilidade de tomar decisões de maneira imediata e definitiva.

Como falamos no início deste capítulo, tomar uma decisão é, de fato, uma ferramenta poderosa que pode ser usada para mudar imediatamente alguma coisa na sua vida. Tomar uma decisão embasada em seu propósito, que foi construído com os principais valores, facilita o processo.

A própria ideia de escolher implica abandonar outras opções, pois é impossível escolher tudo. A ideia de abdicação é dificílima, seja na carreira ou na vida pessoal, pois toda vez que eu escolho, eu abdico.

Tomar uma decisão definitiva e congruente transforma DEVERES em OBRIGAÇÕES. Uma forma poderosa de transformar sonhos em realidade é quando encaramos como uma obrigação. Nós cumprimos nossas obrigações, mas raramente cumprimos nossos deveres.

No minuto em que tomamos uma verdadeira decisão, começamos a ter mais clareza das coisas e conseguimos passar a esperança para um nível de resultado e expectativa.

Em um ambiente hostil, o que leva algumas pessoas a sobreviverem ou morrerem é basicamente a consciência do propósito de vida, da decisão. O significado da vida é uma variável importante para o bem-estar humano.

A dor é inevitável, mas somente a própria pessoa pode decidir se o sofrimento funcionará como um catalisador para as conquistas ou se não reagirá às condições expostas.

Entender o significado das experiências negativas e atribuir um novo significado é outro caminho para promover mudanças comportamentais necessárias ao bem-estar, se estabelecemos um propósito para nossas vidas.

Sem ação, não há envolvimento. Sem envolvimento, não há comprometimento. E sem comprometimento, não haverá mudanças. Aposte o seu futuro na capacidade de realizá-lo e afaste qualquer possibilidade de desistir diante de situações adversas, como obstáculos, limitações ou derrotas temporárias.

Se você escolheu descobrir o melhor que existe em você, faça valer a sua decisão! O conhecimento não se aplica por conta própria, não é automático. Somente você pode aplicá-lo!

> **Para definir o propósito maior, comece pela busca do que há de melhor em você. Encontrar a essência contagia e cria conforto e satisfação em tudo que fazemos.**

Defina, agora mesmo, o que quer, por que quer, quando quer e como conseguirá. Sua missão, seu propósito, seus objetivos e suas metas estarão delineados a partir da decisão de querer ser melhor!

Abrace esta causa! É triste saber que 95 % da população adulta do mundo seja constituída por pessoas frustradas porque não encontraram o seu devido lugar no universo do trabalho. Faça a diferença e comece por você!

Quando mirar nas estrelas é simples assim!

Antes de definir a sua essência, é necessário saber qual é a sua vocação ou talento. Comece a se perguntar:

- ✦ O que faço melhor?
- ✦ Em qual atividade está a minha verdadeira paixão?
- ✦ Que sentido vejo na vida?
- ✦ Qual o meu propósito de vida?

Decida encontrar as respostas. Escreva em um caderno cada uma delas. Comece a descobrir a sua essência através da definição de seu propósito de vida!

Capítulo 7
Mire na lua?

Alguém já falou para você mirar na lua? Mesmo não sendo este o título do livro, eu preciso aproveitar essa oportunidade para dizer que me identifico muito com essa expressão! Ela me inspira, me motiva, me faz sonhar alto. Sempre digo para "mirar na lua", afinal, sonhar grande e sonhar pequeno (Capitulo 1 – Lei da Expectativa) dá o mesmo trabalho. E neste caminho até a lua, sempre posso acertar alguma estrela!

A verdade é que sempre tive medo de sonhar grande e me decepcionar. Afinal, muitas coisas podiam acontecer, então os meus sonhos eram pequenos e tinham a limitação que eu mesma dava. O meu potencial ficava escondido, pois o fracasso era algo que me atemorizava, característica de uma Mentalidade totalmente Fixa.

Foi a partir daquela identificação que descobri que a coragem não é a ausência do medo. Coragem é fazer algo mesmo com medo. A fórmula mágica para perdermos o temor é praticando e repetindo por várias vezes o que antes considerávamos impossível de ser realizado.

Mirar na lua, hoje, para mim, é ter a coragem de sonhar grande, de ultrapassar meus limites e atingir os meus objetivos.

Se alguém perguntasse: como você quer viver os próximos dez anos de sua vida? Com certeza, responderia de uma forma genérica, colocando sonhos e desejos de como gostaria de estar ou o medo o impediria?

Este é o momento para planejar e decidir, pois daqui a dez anos você certamente estará lá; a questão é: onde? Quem você terá se tornado? Como viverá?

Portanto, mire na lua! E se você tiver medo, vai com medo mesmo! Eu repito: o trabalho de sonhar pequeno é o mesmo de sonhar grande!

Como diz Anthony Robbins, considerado por muitos um dos homens mais influentes de sua geração e já citado nas páginas deste livro: "São nossas decisões, e não as condições de nossa vida, que determinam o nosso destino. É nos momentos de decisão que seu destino é traçado."

O que você decide hoje é o que terá reflexo no seu amanhã. Se suas decisões forem pequenas, seus resultados serão também. Tudo é uma consequência.

Tudo, tanto o que o emociona quanto o que o desafia, começa com uma decisão! Pare um pouco e reflita, diante de todas as decisões até agora: houve alguma que teria feito a sua vida radicalmente diferente do que é hoje? Passou por situações negativas em que teve que decidir se seguia em frente ou desistia de tudo? Como essas decisões moldaram a sua vida atual?

Usar o poder da decisão dá a capacidade de vencer qualquer desculpa e modificar qualquer parte da vida em um instante. Como já disse no Capítulo 2, de acordo com a Psicologia Positiva, podemos afirmar que até a Felicidade é uma questão de decisão. Cabe somente a você e a mais ninguém decidir se quer ser feliz ou não!

Temos que vencer o medo de tomar a decisão errada, de seguir adiante, de conquistar o sucesso e de ser feliz! Temos que entrar em ação, ser flexíveis, verificar as consequências, aprender e usar a decisão como grande lição que ajudará a tomar resoluções melhores no futuro.

Devemos nos empenhar em aprender com os erros e não colocar uma barreira de proteção. Exercite esse poder! Mire na lua e seja feliz, aconteça o que acontecer.

Adquira esta habilidade! Treine! Tome decisões todos os dias e comece agora decidindo imediatamente o que você vem adiando há tanto tempo!

> A tomada de decisão, como qualquer outra técnica que queira aperfeiçoar, **melhora à medida que a pratica com frequência.** Quanto mais decisões você tomar, mais irá perceber que está de fato no controle da vida!

Passaremos agora à leitura de pequenos textos que são verdadeiras estrelas nessa descoberta da Felicidade verdadeira.

Apresento a motivação e inspiração necessárias para que verifique o que está ligado à sua própria Felicidade, o motivo real para você mirar nas estrelas e acertar a lua.

◆ Seja o herói que seu mundo precisa

Preste atenção neste diálogo:

— Acho que o mundo é muito melhor hoje do que era há cinco anos.

— Como pode dizer isso? Não lê os jornais? Não ouve rádio? Não acompanha o noticiário? Como pode me dizer que este é um mundo melhor?

— Eu vivo neste mundo!

> Sim! "Eu vivo neste mundo!" E é, simplesmente, desta forma que tenho a obrigação de dizer que este mundo está melhor, afinal, faço parte dele!

Reclamar, discutir, encontrar um culpado, dizer que é responsabilidade do sistema e ficar de braços cruzados não contribuem em nada. Estas atitudes apenas intensificam uma forma negativa da atual realidade, podem ser consideradas como tudo o que colabora para o insucesso de qualquer atitude no processo de realização.

Fazer a sua parte, isso sim faz toda a diferença! Não procure por heróis: seja um! Através de pequenas e simples atitudes, podemos fazer esse mundo ser muito melhor do que ele é! Eu acredito nisso!

Experimente ter um sentimento de alegria por ser capaz de fazer alguma coisa, por menor que seja, para que alguém, próximo ou não, pense em si próprio ou se sinta amado e apreciado. Pode ser um elogio, um abraço ou uma atenção especial. Dedique-se a fazer isso todos os dias, na simplicidade do seu acordar ou até mesmo na correria da rotina!

Um herói é uma pessoa que contribui corajosamente em qualquer circunstância; é alguém que desafia a adversidade e faz o que acredita ser certo; age com altruísmo e que exige mais de si mesmo do que os outros esperariam. É aquele que tem como objetivo contribuir e está disposto a ser exemplo.

> **Um herói não é alguém perfeito, porque nenhum de nós é perfeito, somos seres humanos. Portanto, heroísmo não é perfeição, é humanidade!**

Viva em uma atitude de expectativa positiva, sabendo e entendendo que tudo que acontece com você o beneficia de alguma maneira! São as pequenas decisões que criam o seu destino e transformam o mundo. O sucesso ou fracasso não é resultado de um único evento ou de uma única decisão, embora, às vezes, pareça que sim!

Tenha a certeza de que a solução para esses desafios é uma questão de comportamento. Seria simples se as pessoas não complicassem tanto! Se você acha que este mundo precisa de mudança, seja você a mudança que quer ver no mundo!

Vamos fazer deste mundo o melhor lugar que existe! Você é capaz de ser este herói, precisa somente acreditar em você, não importa o que aconteça.

Pertencimento

Antes de finalizar, é preciso esclarecer que é impossível ser feliz sozinho! A necessidade de pertencer é um poderoso, fundamental e extremamente difundido indício da motivação humana, portanto, indispensável na busca do nosso melhor, porém a intensidade e a forma como os seres humanos formam os seus relacionamentos podem ser diferentes entre as pessoas. O fato é que, embora exista a importância dos relacionamentos, não necessariamente são considerados relacionamentos positivos.

Relacionamentos positivos são aqueles que, além de trazer benefícios diretos, proporcionam uma vida social e trazem a Felicidade plena como recompensa. A Felicidade é uma questão de decisão, portanto, cabe a você escolher que tipo de vida gostaria de ter.

Sim, os outros importam! Não podemos atingir a felicidade isolados em nossos conceitos particulares e em crenças pessoais. Ao contrário do que muitos pensam, tanto as pessoas extrovertidas quanto as introvertidas vivenciam emoções mais positivas quando estão em situações sociais.

Acredita-se que os introvertidos apreciam a solidão, mas várias pesquisas de Daniel Kahnerman (psicólogo e ganhador do Prêmio Nobel), explicam o contrário: tanto introvertidos como extrovertidos têm níveis de bem-estar aumentado quando estão na presença de outras pessoas. A diferença é que os extrovertidos apenas têm a necessidade de manter contato interpessoal por mais tempo.

Estabelecer relacionamentos sociais positivos ajudam a desenvolver emoções positivas. Vivemos em grupos (família, amigos, trabalho). São relacionamentos amorosos, cada laço com um ente próximo ou com os grupos que proporcionam a nossa realização e o crescimento significativo. Até mesmo no ambiente de trabalho, se mantivermos relacionamentos positivos estaremos muito mais propensos ao engajamento, ao bem-estar e à melhor performance.

A satisfação com a vida está literalmente associada à habilidade de conviver e trabalhar amorosamente com outras pessoas, pois as emoções são altamente influenciadoras do comportamento humano. A necessidade de nos relacionarmos começa quando nascemos e permanece conosco.

Relacionamento positivo, assim como a Felicidade, também é uma questão de escolha e não da circunstância! Podemos escolher entre proferir uma crítica ou um elogio, entre expressar uma opinião com base nos nossos mais altos valores ou desperdiçar palavras com proposições capazes de minar a autoestima e a autopercepção dos outros. Portanto, "mire na lua" em suas escolhas, você merece sempre o melhor!

✦ A regra de ouro

Ao pensar sobre os outros, pense no que gostaria que eles pensassem de você. Esta é a verdadeira regra de ouro!

O fundamento está na passagem do evangelho de São Mateus, que diz: "Tudo o que quereis que os outros lhe façam, fazei-o também vós, porque esta é a lei". Essa regra é tão básica e simples que se fosse cumprida por todos os habitantes do mundo, com certeza, viveríamos em um lugar melhor.

> **Não pode haver sucesso sem felicidade, portanto, nenhuma pessoa pode ser feliz sem promover a felicidade também para os outros.**

A base de nossos relacionamentos deve seguir esta regra, pois quando praticamos um ato de bondade (e sempre desejamos o que é bom), depositamos uma carga de energia positiva em nós. Se praticarmos um número suficiente de atos semelhantes, desenvolveremos um estado de espírito positivo e consequentemente iremos atrair pessoas com o mesmo sentimento.

O que quer que façamos para o outro, acabamos fazendo para nós mesmos. Para cada ato e pensamento são atribuídos um reflexo e uma consequência quando se transforma em ação. De nada adianta fingir praticar a Regra de Ouro se, no coração, não fizermos o uso dela.

Uma das explicações de que mais gosto é "enquanto a honestidade for um objeto de louvor, a desonestidade seguirá sendo normal". A honestidade não pode ser exceção, ela deve ser regra! Pense nisso!

✦ A sabedoria da riqueza

Ter dinheiro suficiente para proporcionar a si e a quem ama uma vida segura, com acesso à saúde, educação e boas experiências, certamente proporciona um conforto emocional que nos torna mais felizes. Ele, com certeza, contribui para a Felicidade, *mas não é fator determinante.*

Lembre-se que na Fórmula da Felicidade (Capítulo 2), na variável C de Circunstâncias externas, ele responde com não mais que 8 % a 15 % na variação do resultado.

Podemos considerar que na maioria das vezes o dinheiro é o meio pelo qual se avalia mais o sucesso terreno do que a Felicidade, porque torna possível aproveitar as melhores coisas que a vida pode oferecer: conforto, segurança, visibilidade e muitas vezes credibilidade. É impressionante o poder de realização que o bem material pode trazer! Resume-se, quase sempre, a realizações financeiras dos nossos próprios esforços e aptidões.

Inúmeros livros que tratam de riqueza colocam o tema como um poder e até mesmo uma arte. O certo é que, através de exemplos e atitudes, é humanamente possível construir o que se deseja ter financeiramente.

"Onde há determinação o caminho pode ser encontrado!", George S. Clason. As oportunidades surgem na vida de todos. Algumas pessoas se agarram a elas e as direcionam para a satisfação de seus mais profundos desejos, mas a maioria falha, hesita e acaba ficando para trás.

> **Para conseguir resultados você deve estar determinado, ter certeza do que realmente quer, não ter dúvidas de seus sentimentos e, principalmente, saber onde você quer estar daqui a cinco, dez ou vinte anos.**

Segundo Lewis Carroll (romancista, contista, poeta, desenhista, fotógrafo, matemático e reverendo anglicano britânico, autor de *Alice no País das Maravilhas*), a clareza em definir onde você quer chegar deve partir da única pessoa verdadeiramente responsável por isto: você. Esta definição de metas, objetivos e propósito fazem com que tenha a capacidade de escolher as melhores estratégias, atraindo assim a "boa sorte" para aproveitar as oportunidades, pois se não souber para onde quer ir, qualquer caminho serve! Ou seja, qualquer caminho, qualquer lugar, qualquer coisa!

Um dos verdadeiros princípios da Sabedoria da Riqueza, usada desde a época dos babilônicos, é conservar com você uma parte de tudo o que ganha. Sim, você é o responsável e deve ser o beneficiário da dedicação, determinação, conhecimento e trabalho. Devemos trabalhar para nós mesmos; pagamos para todos e para nós também.

Valorizar você mesmo, investir no que dará mais retorno, definir o seu caminho, alinhar os valores, ser uma pessoa diferenciada em pensamento e ações. Lembrar-se que você faz um excelente trabalho e que deve ser remunerado!

Não gaste tudo o que ganha pagando os outros, pague a si mesmo todos os meses e, desta forma, começará a fazer o maior investimento da sua vida!

Desvincule a sua felicidade do sucesso material. Muitas pessoas medem seu valor pessoal com base no dinheiro que ganham, no carro, na casa; o sucesso material como referência de felicidade e realização.

Pesquisas indicam que, tendo nossas necessidades físicas básicas (comida, abrigo etc.) supridas, a correlação entre felicidade e sucesso material é praticamente zero. Significa que se você passa fome ou mora na sarjeta, a quantia de R$ 10.000,00 a mais por ano fará grande diferença e terá um alto impacto na sua Felicidade.

Já para uma pessoa de classe média essa quantia por ano não iria fazer muita diferença. Significa que se você relaciona o seu sucesso e a sua Felicidade pelo retorno financeiro, poderá estar se matando por praticamente nada.

A Sabedoria da Riqueza está em compreender os pequenos detalhes que fazem a diferença. Dê o seu melhor hoje e sempre!

Linguagem corporal

Fisiologia é uma área de estudo da biologia responsável em analisar o funcionamento físico, orgânico, mecânico e bioquímico dos seres vivos. O termo "fisiologia" originou-se na junção do grego *physis* ("funcionamento" ou "natureza") e *logos* ("estudo" ou "conhecimento), é "conhecimento da natureza" ou "estudo dos funcionamentos". Podemos concluir que este "processo" é o mais poderoso instrumento que temos para mudar um estado e produzir resultados dinâmicos, instantaneamente.

Você já deve ter ouvido falar no velho ditado: "se você quer ser poderoso, finja que é poderoso." É muito verdadeiro! Quando você pretende obter grandes resultados em algo, além da devida preparação e busca para fazer o melhor, é preciso assumir uma postura firme e positiva, pois não existe ação efetiva sem uma fisiologia poderosa digna de excelência.

A linguagem corporal **afeta a maneira como os outros nos veem** e pode mudar a maneira como nos vemos. Segundo Amy Cuddy (psicóloga social de Harvard), ficar numa postura confiante, mesmo quando não nos sentimos tão confiantes, pode estimular sentimentos e ter um impacto extraordinário nas chances de sucesso. "Mirar a lua" exige certos sacrifícios!

Se você está deprimido, a última coisa que deve fazer é andar de cabeça baixa! Sim, o seu gestual faz toda a diferença! Adotar uma postura ereta e levantar a cabeça é o melhor que tem a fazer. Mude sua fisiologia e você mudará o seu estado.

Nossas expressões faciais também afetam o modo como nos sentimos. Sorrir e rir determinam processos biológicos que nos faz bem, pois aumentam o fluxo de sangue para o cérebro, mudam o nível de oxigênio e alteram o nível de estímulo dos neurotransmissores; a mesma coisa acontece com outras expressões, até mesmo as negativas.

Em todos os casos, se faz necessária a presença da congruência. O desenvolvimento da congruência é uma das ações mais importantes para o poder pessoal. Se suas palavras e seu corpo não combinam, você não vai ser totalmente eficaz. Portanto, imediatamente após adotar uma postura positiva, comece a desenvolver ações que possibilitem o resultado esperado.

Demonstre a confiança para a realização, mude sua fisiologia para atingir o seu melhor no que for de sua responsabilidade! Coloque a sua marca de forma magistralmente perfeita, irrepreensível, real.

Esse é o seu momento. Sinta-se capaz de assumir o comando do seu corpo e da sua mente. Você quer, você pode, você consegue! E ao final, tenha a certeza de que este é o verdadeiro caminho para atingir a excelência!

Eu não disse que ia ser fácil, mas digo sempre que no final será maravilhoso!

✦ Liderar-me!

Como podemos exercer a responsabilidade pela nossa história se não conseguimos liderar o protagonismo da própria vida? Ter o controle da situação, descobrir o que fazemos de melhor, assumir responsabilidades e ser feliz exige muita liderança. Você concorda com essa afirmação?

Quando participei, em janeiro de 2018, do *Treinamento O Monge e o Executivo*, baseado nos três livros (*O Monge E O Executivo, Como Se Tornar Um Líder Servidor E De Volta Ao Mosteiro*), de James C. Hunter, esta palavra me chamou atenção:

LIDERAR-ME!

Parece meio óbvio, mas no dia a dia não é tão simples assim! A verdade é que, antes de atingir meus objetivos, conquistar meus sonhos, escrever a minha história, viver o melhor que existe em mim, preciso aprender a ser o líder da minha vida.

Desde quando passei a exercer um papel de liderança em uma empresa, acreditava que pelo cargo que executava de forma gerencial e responsável, sempre me posicionei à frente de uma equipe que desenvolvia trabalhos específicos na área da educação, acreditando que estar no comando era a única necessidade da situação.

Passava sempre por inúmeros cursos nos quais o papel do líder sempre foi fundamental para o aumento da lucratividade, desempenho e performance da empresa, mas transportar a fundamentação para o plano pessoal foi um verdadeiro desafio.

Parti do pressuposto de liderar-me! E assim comecei a desenvolver os princípios básico de liderança, adotando de forma incondicional, em minhas ações, os posicionamentos necessários para me tornar a líder da minha empresa, que denominei:

A LIDERANÇA QUE EXISTE EM MIM.

A responsabilidade sempre foi imensa! O primeiro ponto, que me deixou tranquila, é que descobri que ninguém nasce líder. Que maravilha! Definitivamente, a liderança é uma habilidade que pode ser desenvolvida com conhecimento, paciência e humildade.

Tanto é verdade que nos EUA existem mais de 800 mil livros com esta referência. O mercado americano movimenta uma quantia financeira extraordinária sobre o tema por acreditar que líderes são feitos.

Outro ponto interessante é que o verdadeiro líder não é aquele que age de forma autoritária, mas sim aquele que serve melhor aos demais, pois desempenha um papel importante na transformação e no desenvolvimento de seus liderados e dele mesmo.

> **O líder significativo quer deixar um legado,** quer contribuir para o desenvolvimento dos talentos e das potencialidades de todos que estão ao seu redor.

Então, OK! Após estes preceitos básicos, faço a pergunta: você se considera líder em alguma coisa? Acredito que a maioria consegue perceber que, de certa forma, exercemos alguma tarefa para a qual temos a responsabilidade de delimitar ações e atitudes, somos líderes em alguma coisa.

Não é preciso trabalhar em uma grande empresa e exercer um alto cargo de responsabilidade para ser considerado um líder. O líder é aquele indivíduo que tem a autoridade para coordenar e comandar, é a pessoa cujas ações e palavras exercem influência sobre o pensamento e o comportamento dos outros. Portanto, somos líderes em exemplos, em comportamentos, em situações e, antes de mais nada, de nós mesmos!

Considere que mesmo sendo de uma forma imperceptível, uma das grandes necessidades do ser humano é de despertar o líder interior. É preciso ter o autoconhecimento desenvolvido e a consciência dos comportamentos que queremos adotar para liderar a própria vida!

Torna-se indispensável desconstruir os paradigmas, quebrar as crenças limitadoras existentes e afastar-se de influências negativas do passado. Só assim, como consequência, conseguiremos comandar nossos próprios pensamentos, sentimentos e ações.

Para nos tornarmos líderes de nós mesmos é necessário ser mais do que somos hoje. Quando você melhora um pouco a cada dia, coisas grandes começam a ocorrer. Não se esqueça que Felicidade não é um lugar onde se chega, mas sim a forma como se vai, e liderar-se tem tudo a ver com isso!

A arte de ser quem você é

Quer saber a melhor forma para desenvolver a arte de ser quem você realmente é? A resposta é simples: faça exatamente tudo em razão do sentido que você vê no que faz!

Sim, você deve se ver naquilo que você faz, as coisas têm que fazer sentido. Se precisa definir algo, é preciso encontrar um propósito, caso contrário não irá conseguir fazer.

Liderar-se, significa, ser o líder de si mesmo, da sua empresa, da sua história de vida. É não deixar que a caneta fique na mão de outra pessoa. É você quem escreve as regras, os objetivos, as metas e o destino.

É você quem deve determinar suas conquistas e estipular a hora de começar e de parar. É colocar a responsabilidade em suas mãos, ser a verdadeira inspiração para o sucesso, é buscar sentido em tudo que faz.

Desafie-se, busque atingir os seus melhores resultados todos os dias. Não desanime diante das dificuldades, pois elas fazem parte do processo. A você cabe a determinação de passar por elas ou contorná-las quando necessário.

Liderança através dos seus valores e propósitos é o princípio, o meio e o fim. Liderança é tudo!

Quando mirar nas estrelas é simples assim!

Na prática acontece assim!

- ✦ Mire a lua! O mesmo trabalho de sonhar pequeno será se sonhar grande!
- ✦ Seja a heroína ou o herói que seu mundo precisa e transforme o lugar que você vive! Reclamar, discutir ou tentar encontrar culpados são atitudes que apenas intensificam uma forma negativa da atual realidade.
- ✦ Precisamos de pessoas positivas ao nosso redor! É impossível ser feliz sozinho.
- ✦ Faça aos outros aquilo que gostaria que fizessem com você!
- ✦ Conserve uma parte de tudo o que você ganha.
- ✦ Mude a sua fisiologia e você mudará o seu estado. Mude o seu estado e você mudará o mundo!

vire
as
estrela
cer
lua

Capítulo 8
Acerte a lua

Chegando ao final da leitura, espero que tenha várias conclusões. Fizemos muitos caminhos de Felicidade e vimos as possibilidades de desenvolvimento de muitas habilidades.

Por que temos que mirar nas estrelas para acertar a lua? Não seria ao contrário? E, neste caso, eu teria errado, correto? Afinal, mirei nas estrelas...

Quando desenvolvi essa metodologia de "mirar nas estrelas para acertar a lua", parti do pressuposto inserido no Paradoxo da Felicidade, que afirma que quanto mais valorizamos e desejamos a Felicidade, mais ela se afasta de nós!

Antes de você sair gritando, deixe-me explicar o significado da palavra Paradoxo, que é a aparente falta de nexo ou de lógica; contradição. Portanto, isso justificaria a não necessidade de ler um livro como esse, pois o foco, aqui, é a Felicidade; neste caso, estamos fazendo exatamente o contrário, correto?

Errado! E é justamente aqui o significado da minha teoria. Você pode perceber que em todos os capítulos deste livro a Felicidade não é o destino principal, ela é a consequência de habilidades, comportamentos e mentalidades que são colocadas em prática no seu dia a dia.

As habilidades, comportamentos e práticas são as verdadeiras estrelas que devemos mirar; é buscar esses caminhos indiretos que conseguimos conquistar o nosso objetivo principal, que é acertar a lua, ou seja, a nossa Felicidade.

O valor da Felicidade reside no fato de que simplesmente é bom se sentir bem. É da nossa natureza buscar prazer, evitar a dor e desejar experimentar a excitação da alegria em vez do peso do sofrimento.

Existe um problema: estudos sugerem que faz mal dar muito valor à Felicidade ou a busca incessante em se tornar mais feliz.

A psicóloga Iris Mauss, professora do Departamento de Psicologia da Universidade de Berkeley, mostrou que pessoas para quem a Felicidade é importante demais acabam sendo menos felizes e se sentem mais solitários no mundo.

Se o objetivo é ficar mais feliz, como resolver esse paradoxo?
Resposta: Mire nas estrelas!

E não é pelo autoengano, com a falsa ilusão de fingir que não nos importamos, enquanto secretamente nos importamos. Felicidade é importante e devemos nos preocupar com ela, sim. Só que precisamos fazer isso indiretamente.

Se eu buscar o positivismo e acordar pela manhã dizendo: "EU QUERO SER FELIZ! EU VOU SER FELIZ!" Estou buscando a Felicidade diretamente. Essa busca deliberada para ser feliz faz lembrar como a Felicidade é importante para mim, como eu a valorizo, portanto, faz mais mal do que bem.

Buscar indiretamente significa, ao invés de trabalhar a Felicidade em si, vamos atrás dos elementos que a promovem. Dessa maneira, o foco recai sobre o valor desses elementos e não na própria Felicidade. Este é o caminho!

MUDANÇA NECESSÁRIA

Portanto, já sabemos o que temos que mirar, mas não basta somente isso. Temos que ter a consciência de que é necessário algum tipo de mudança para que a teoria funcione. Fato.

Tem um trecho da música de Raul Seixas (cantor e compositor brasileiro), que diz: "Eu prefiro ser essa metamorfose ambulante, do que ter aquela velha opinião formada sobre tudo".

Toda mudança é difícil no começo, confusa no meio, mas maravilhosa no final. A mudança é necessária, faz parte do crescimento da vida. Não podemos ter e nem manter o mesmo foco, o mesmo olhar, a mesma opinião formada sobre tudo.

As pessoas mudam, o mundo muda! A necessidade de crescer, de se transformar, merece destaque quando compreendemos a diferença entre o velho e o antigo.

Quando uma coisa está velha, ela pode ser jogada no lixo. Significa que ela não presta mais. Isso vale para aquelas pessoas que acham que já aprenderam tudo na vida, que nada nem ninguém tem algo a ensinar, ou melhor, elas não precisam mais aprender.

Se você mantém a sua velha opinião e não vê a necessidade de se transformar, é porque ficou velho e totalmente descartável.

Já o antigo é bem diferente. Ele é valioso, um verdadeiro tesouro. A pessoa antiga sabe que ainda tem muito o que aprender, visualiza o conhecimento como algo necessário para melhorar. Pessoas assim têm a consciência de que não sabem tudo e preferem ser desta forma a ter aquela velha opinião formada sobre tudo!

O antigo é valioso e deve ser conservado sempre!

Não é a idade que diz se você está velho ou não, e sim o conhecimento que acha que ainda precisa adquirir! Conhecemos adolescentes que podem ser considerados "velhos", apesar da idade. São aqueles que, sem nenhuma cerimônia dizem: "não precisa me ensinar isso porque eu já sei!".

O problema não é ter idade, mas sim deixar a cabeça para trás. Devemos ter a humildade para reconhecer a necessidade de desenvolver novas habilidades.

A insatisfação positiva é uma das virtudes mais importantes! Ela acontece quando você quer mais (mais conhecimento, mais capacidade, mais saúde). Está relacionada à ambição e é totalmente diferente da ganância, que acontece quando a pessoa quer tudo para si a qualquer custo.

Quando você está dirigindo, tem que observar os retrovisores pequenos e o para-brisa enorme. Os retrovisores são o seu passado e o para-brisa o seu presente! Passado é referência e não direção! Tem gente que dirige com retrovisor imenso e para-brisa pequeno!

Eu não fico mais velha! A cada ano, no aniversário, apresento a mais nova versão de mim mesma, com muito mais conhecimento e aprendizado. O meu "eu" se apresenta de forma cada vez mais completa a cada ano que passa! A própria insatisfação positiva, a busca do meu melhor, sempre!

Descobrir que você é o responsável pela sua história, o protagonista da sua vida, exige mudanças reais de ações permanentes e duradouras. Estabelecer a autonomia de desenvolver o seu próprio projeto, a sua própria Felicidade, é a forma mais consistente de mirar nas estrelas.

✦ A metamorfose

A mudança nos leva à reflexão, que nos direciona a um novo caminho. É a forma que encontramos para estar sempre próximos das novidades, da evolução e do crescimento.

Por trabalhar com educação, sempre assumi a responsabilidade de buscar novos conhecimentos para proporcionar aos alunos do Colégio Degrau, de Araçatuba, escola em que trabalho há mais de 30 anos, o que existe de mais completo e inovador.

Ao me deparar com a Psicologia Positiva, visualizei a oportunidade de inserir a metodologia no colégio, para otimizar o conhecimento, agregar a alta performance e trabalhar a Felicidade.

A metamorfose positiva que os alunos, professores e pais passaram, e continuam passando, nos elevam a um patamar diferenciado, como uma instituição educacional que se preocupa com o desenvolvimento pessoal e profissional de todos que estão diretamente envolvidos.

Saber a situação atual, conhecer a situação ideal, ter metas e objetivos claros, estabelecer missão e propósito, desenvolver os princípios da liderança servidora, trabalhar o florescimento e a Felicidade; tudo envolto, desde a educação infantil, em uma atmosfera de dar aquilo que cada um tem de melhor!

✦ Efeito borboleta

De acordo com a teoria conhecida como *Efeito Borboleta*, que encerra o livro de Shawn Achor, *O Jeito Harvard De Ser Feliz*, um único inseto batendo as asas pode criar um furacão do outro lado do mundo. O bater das asas de uma borboleta pode ser apenas um minúsculo movimento, mas cria uma pequena rajada de vento que acaba ganhando velocidade e força.

Uma minúscula mudança pode desencadear uma cascata de mudanças maiores e fazer total diferença na vida. Fica mais fácil entender que é preciso fazer algo diverso do que estamos acostumados a fazer para obter resultados diferentes.

Cada um de nós exerce algum tipo de liderança na vida de muitas pessoas e, inclusive, na nossa própria vida (liderar-me)! Cabe a nós identificar e promover a mudança necessária para alcançar os resultados que desejamos e, até mesmo, desenvolver o necessário para a nossa felicidade.

É como se fôssemos essa borboleta e, a cada minúsculo movimento, seremos capazes de promover mudanças positivas.

Nós não temos o poder de mudar o mundo, mas temos a capacidade de influenciar positivamente as pessoas, mudando a forma com que elas enxergam este mundo. A transformação destas pessoas em seres humanos melhores fará toda diferença, e o mundo mudará!

Temos que definir a nossa postura de líder positivo e assumir a responsabilidade pelo papel que escolhemos na sociedade. Se cabe a nós consertar o que está quebrado, façamos a nossa parte!

Não pare! Invista em conhecimento, em desenvolvimento, mire nas estrelas. Desenvolva as habilidades para uma vida mais feliz. Somos capazes de fazer muito mais do que imaginamos!

Tenha orgulho de quem você é! Congratule-se pelo seu comprometimento, sua mente aberta e a sua determinação em se superar! Considere a certeza de que você é um verdadeiro sucesso!

Siga sempre em frente em busca de novos desafios e grandes resultados, sabe por quê? Porque você pode, você quer e você vai!

Tudo vai ficando mais fácil! Saber que a sua comemoração para o sucesso é precedida por este caminho que você mesmo delimita e que é composto pela Felicidade, pelo controle suficiente e pela motivação necessária para viver sendo feliz.

Seja mais feliz, aconteça o que acontecer

Segundo Aristóteles, a Felicidade é o sentido e o objetivo da vida, todo o propósito e a finalidade da existência humana. Sim, não há como contestar, estamos procurando algo que nos deixe de maneira confortável. O grande problema é não entender o que realmente completa o ser humano, o que verdadeiramente o deixa feliz.

> **Todos nós buscamos essa tal Felicidade** e achamos que está em uma casa, no carro último modelo, na viagem dos sonhos ou, até mesmo, no casamento ideal.

Nos esquecemos que são as pequenas coisas, os momentos que passam despercebidos e a simples presença de alguém que amamos que nos deixa felizes.

No relato de uma atividade desenvolvida por uma professora da Educação Infantil, que inseriu o trabalho das emoções com crianças de 5 anos, foram surpreendentes as respostas e posicionamento de cada uma delas sobre se sentir feliz! A maioria dos alunos relata que a felicidade está no brinquedo novo, na roupa bonita e no tênis que acabou de ganhar, apenas uma criança fala no beijo que acabara de receber de sua mãe.

Infelizmente, nossas crianças estão sendo criadas no mundo materialista, em que a busca pelo prazer imediato e pelo bem material se tornaram o objetivo maior, ou seja: a própria "felicidade"!

Entender que este não é o caminho é o primeiro passo!

Outro grande problema é o atual ritmo frenético, pelo qual o acúmulo de atividades e responsabilidades nos tornam escravos de cumprimentos de prazos, metas e deveres.

Temos de aprender a simplificar a vida, diminuir a velocidade. Reduzir a complexidade da rotina exige alguns sacrifícios e um deles é aprender a dizer NÃO. A boa notícia é que simplificar a vida, fazer menos, e não mais, não exige o sacrifício do sucesso.

Quando digo que precisamos aprender a ser feliz, não estou dizendo que a Felicidade exige uma constante experiência de êxtase e nem uma contínua cadeia de emoções positivas. A pessoa feliz tem seus altos e baixos e entende que o período de insatisfação se torna o de maior crescimento. Ela consegue encontrar significado em suas ações, atitudes e em tudo que acontece com ela.

Como disse no Capítulo 2 (Felicidade Importa): "a Ciência da Felicidade é clara e estruturada, mas a vida não é tão clara e muito menos estruturada!".

Lembre-se sempre: Felicidade é contagiante e ela também é aprendida!

Criar a própria realidade e não apenas reagir a ela é uma meta importante. Ser mais feliz é uma simples, única e extraordinária opção e, felizmente, essa escolha só cabe a você mesmo.

A jornada continua

Tenha a certeza que você percorreu uma verdadeira jornada de autoconhecimento, desenvolvimento pessoal e descoberta da verdadeira felicidade. Cada capítulo foi uma peça de um quebra-cabeça que, quando montado, revela uma imagem clara e inspiradora de quem você pode se tornar e do impacto positivo do mundo ao seu redor.

Mirar nas estrelas não é apenas uma metáfora; é um chamado para sonhar grande, para acreditar no impossível e para nunca se contentar com menos do que você merece.

Quando você mira nas estrelas, você se permite sonhar, crescer, aprender e evoluir. E, ao fazer isso, você descobre que a lua – aquele objetivo que parecia tão distante – está ao seu alcance.

A felicidade verdadeira é compartilhada e multiplicada quando vivida em conjunto. Fique ao lado pessoas positivas, que te apoiem e inspirem. Seja uma fonte de luz para os outros, e você verá como essa luz retorna para você de maneiras inesperadas e maravilhosas.

Este livro pode ter chegado ao fim, mas a sua jornada está apenas começando. Continue explorando, aprendendo e crescendo. Acima de tudo, continue sendo fiel a si mesmo, vivendo uma vida que ressoe com seus valores e propósito.

Que sua vida seja uma constelação de momentos felizes, conquistas significativas e relacionamentos profundos. E que, ao mirar nas estrelas, você sempre acerte a lua.

Sim, isso é felicidade!

Referências

BABA. Seri Prem. *Propósito. A coragem de ser quem somos.* São Paulo: Editora Planeta, 2016.

BEN-SHAHAR. Tal. *SEJA MAIS FELIZ – Aprenda a ver a alegria nas pequenas coisas para uma satisfação permanente.* [S. l.]: Academia, 2007., 2007.

CLASON. George S. *O Homem mais rico da Babilônia.* Rio de Janeiro: Harper Collins Brasil, 2017.

CORTELLA. Mário Sérgio. *A sorte segue a coragem.* 3ª edição. São Paulo: Planeta, 2018.

CORTELLA. Mário Sérgio. *Qual é a tua obra?* 25ª edição. Rio de Janeiro: Vozes Nobilis, 2017.

COVEY. Stephen R. *Os sete hábitos das pessoas altamente eficazes.* 31ª edição. São Paulo: BestSeller, 2004.

CURY, Agusto Jorge. *Pais Brilhantes e Professores Fascinantes.* Rio de Janeiro: Sextante, 2003.

DAVID, Suzan. *Agilidade Emocional. Abra sua mente, aceite as mudanças e prospere no trabalho e na vida.* São Paulo: Cultrix, 2016.

DEVIDES, Daniela. *Professor Coach – A alta performance em ensinar.* SAMPI, 2019. Disponível em: https://sampi.net.br/aracatuba/noticias/1993982/artigo/2019/01/a-alta-performance-em-ensinar. Acesso em: 30 maio 2024.

DWECK, Carol. S *MINDSET. A Nova Psicologia do Sucesso*. Rio de Janeiro: Objetiva, 2017.

DUHIGG. Charles. *O Poder do Hábito*. Rio de Janeiro: Objetiva, 2012.

FREIRE, Paulo. *Pedagogia do Amor*. Rio de Janeiro: Paz e Terra, 1999.

FREIRE, Paulo. *Pedagogia da autonomia: saberes necessários à prática educativa*. 43ª edição. São Paulo: Paz e Terra, 2011.

GOLEMAN, Daniel. *Inteligência Emocional – A teoria revolucionária que redefine o que é ser inteligente*. Rio de Janeiro: Objetiva, 2012.

GOLEMAN, Daniel. *FOCO – A atenção e seu papel fundamental para o sucesso*. Rio de Janeiro: Objetiva, 2014.

HILL, Napoleon. *As 16 leis do sucesso : o livro que mais influenciou líderes e empreendedores em todo o mundo/Napoleon Hill*; comentado e adaptado por Jacob Petry. — 1. ed. — Barueri: Faro Editorial, 2017.

HUNTER, James C. *O monge e o executivo* Rio de Janeiro: Sextante, 2004.

HUNTER, James C. *Os princípios da liderança servidora*. Rio de Janeiro: Sextante, 2011.

HUNTER, James C. *De volta ao mosteiro, O monge e o executivo falam de liderança e trabalho em equipe*. Rio de Janeiro: Sextante, 2014.

KOLB, David. *Experiential learning: experience as the source of learning and development*. 2. ed. EUA: Pearson FT Press, 2014.

LYUBOMIRSKY, Sonja. *Os Mitos de Felicidade*. Rio de Janeiro: Odisseia Editorial, 2013.

MCKEOWN, Greg. *Essencialismo: A disciplinada busca por menos*. Rio de Janeiro: Sextante, 2015.

MCGONIGAL, Kelly. *O lado bom do estresse – Entenda por que o estresse pode ser bom para você e como aproveitá-lo.* Rio de Janeiro: Réptil, 2012.

ROBBINS, Tony. *Desperte o seu gigante interior.* 33ª Edição. São Paulo: BestSeller, 2017.

ROBBINS, Tony. *Poder sem limites. A nova ciência do sucesso pessoal.* 28ª Edição. São Paulo: BestSeller, 2017.

SHAWN, Achor. *Por trás da felicidade.* São Paulo: Benvirá, 2020.

SHAWN, Achor. *O Jeito Harvard de Ser Feliz.* O curso mais concorrido da Universidade de Harvard. São Paulo: Benvirá, 2012.

SELIGMAN. Martin E. P. *Aprenda a Ser Otimista.* Rio de Janeiro: Objetiva, 2019.

SELIGMAN, Martin E. P. *Florescer – Uma nova compreensão sobre a natureza da felicidade e do bem-estar.* 5ª edição. Rio de Janeiro: Objetiva, 2011.

SELIGMAN, Martin E. P. *Felicidade Autêntica. Usando a nova psicologia positiva para a realização permanente.* [S.l.]. 2ª edição. Rio de Janeiro: Objetiva, 2019.

TIBA, Içami. *Pais e Educadores.* 2ª edição. São Paulo: Integrare, 2012.

TRACY, Brian. *As Leis Universais do Sucesso.* Rio de Janeiro: Sextante, 2009.

TRACY, Brian. *Metas – Como Conquistar Tudo o que Você Deseja Mais Rápido do que Jamais Imaginou.* São Paulo: BestSeller, 2011.

VICTORIA, Flora. *SEMEANDO FELICIDADE – Psicologia Positiva Aplicada,* São Paulo: Sbcoaching Publishing, 2016.

VIEIRA. Paulo, PhD. *O poder da ação.* 13ª edição. [S. l.]: Gente, 2016.

A autora

Daniela Nogueira Devides Oliveira de Morais, nasceu no dia 18 de dezembro de 1972, na cidade de Araçatuba, interior do estado de São Paulo e atua há mais de 30 anos no ramo da educação. É advogada, pós-graduada em Direito Civil e conquistou sólida carreira como diretora à frente do Colégio Degrau, escola tradicional de sua cidade natal.

Hoje, além da carreira administrativa, é Especialista em Felicidade. Pós-graduada em Psicologia Positiva, realiza palestras e treinamentos presenciais e online que integram motivação, desenvolvimento pessoal, relacionamento, autoconhecimento, engajamento de equipes, alta performance e felicidade.

Idealizadora e parte da equipe de desenvolvimento do PROJETO DEGRAUCOACHING com o uso de metodologias ativas para alunos, pais e professores, cujo trabalho foi apresentado no V SEMINÁRIO EDUCACIONAL INVESTIGANDO PRÁTICAS DE ENSINO (SNIPE) e no III SEMINÁRIO INTERNACIONAL DE PRÁTICAS PEDAGÓGICAS INOVADORAS (SIPPI).

Com base no Desenvolvimento Pessoal, Inteligência Emocional e a Psicologia Positiva desenvolveu uma metodologia para o PROGRAMA PROFESSOR COACH – A ALTA PERFORMANCE EM ENSINAR, treinamento online para professores desenvolverem o perfil coach em sala de aula, o PROGRAMA FLORESCER, treinamento presencial de desenvolvimento pessoal e profissional que tem como tema central a Felicidade.

Escreveu o livro DESAFIANDO A FELICIDADE voltado para o público adolescente e aplicação da Educação Positiva em escolas da rede pública e privada, com um treinamento completo para educadores interessados em desenvolver habilidades socioemocionais em seus alunos.

Dados para contato

Daniela Nogueira Devides Oliveira de Morais

✉ danielandevides@gmail.com

◉ @danieladevides

▶ Daniela Devides